¡DEJA DE CHINGARTE!

¡DEJA DE CHINGARTE!

GARY JOHN
B*iSHOP

PREOCÚPATE MENOS, VIVE MÁS

Diseño de portada: Ramón Navarro / Estudio Navarro
Diseño de interiores: Ma. Alejandra Romero I.

Título original: *Unfuck Yourself*

© 2018, Gary John Bishop
Traducción: José Ruiz Millán

Publicado por acuerdo con Lennart Sane Agency AB.

Derechos reservados

© 2018, Editorial Planeta Mexicana, S.A. de C.V.
Bajo el sello editorial PLANETA M.R.
Avenida Presidente Masarik núm. 111, Piso 2
Colonia Polanco V Sección
Delegación Miguel Hidalgo
C.P. 11560, Ciudad de México
www.planetadelibros.com.mx

Primera edición en formato epub: junio de 2018
ISBN: 978-607-07-5003-8

Primera edición impresa en México: junio de 2018
Primera reimpresión en México: noviembre de 2018
ISBN: 978-607-07-5002-1

Impreso en los talleres de Litográfica Ingramex, S.A. de C.V.
Centeno núm. 162-1, colonia Granjas Esmeralda, Ciudad de México
Impreso y hecho en México - *Printed and made in Mexico*

Este libro está dedicado a mis tres hermanas: Paula, Elizabeth y Sandra; a mi madre, Agnes, y a mi padre, Patrick. Crecimos juntos, lloramos juntos, permanecimos juntos y peleamos juntos. Soy lo que soy gracias a ustedes.

Quiero reconocer a los dolidos y pisoteados, a las madres solteras, a los padres desempleados, a los soñadores y a quienes aspiran a ser algo en la vida. Soy como ustedes y sé que pueden lograrlo.

CONTENIDO

01 En el principio... 11

02 «Estoy dispuesto». 31

03 «Estoy programado para ganar».. 51

04 «Puedo con esto». 69

05 «Acepto la incertidumbre». 85

06 «No soy lo que pienso, soy lo que hago». 103

07 «Soy implacable». 121

08 «No espero nada y acepto todo». 137

09 Y ahora, ¿a dónde?. 157

01

EN EL PRINCIPIO...

ESTA ES UNA CACHETADA DE PARTE DEL UNIVERSO PARA QUE DESPIERTES Y CONOZCAS TU VERDADERO POTENCIAL, PARA QUE DEJES DE CHINGARTE Y TENGAS UNA VIDA ESPECTACULAR.

CAPÍTULO 1

¿Alguna vez te has sentido como un hámster que corre ferozmente sobre una rueda intentando avanzar por la vida, sólo para darte cuenta de que no vas a ningún lado?

Lo peor es que, mientras lo haces, te atoras en una plática interna en la que te juzgas infinitamente y no puedes dejar de escuchar esa vocecita que te dice que eres flojo, tonto o algo tan simple como que no eres tan bueno. Ni siquiera notarás qué tanto le crees a esa voz y cuánto te agota; sólo seguirás pasando el día intentando sobreponerte al estrés y a la presión, intentando vivir tu vida, y, en cierto momento, te enfrentarás a la resignación de que, si no sacas tu trasero de esa maldita rueda, nunca llegarás a donde deseas. Tal vez la felicidad que buscas o los kilos de más que quieres perder o la carrera o la relación que tanto anhelas siempre estarán fuera de tu alcance.

Estas páginas están dedicadas a quienes saben de qué se trata ese monólogo fatalista, a esa fuente infinita de dudas y pretextos que limita y mancha cada día de tu vida. Es una cachetada de parte del universo para que despiertes y conozcas tu verdadero potencial, para que pares de joderte y tengas una vida espectacular.

Empecemos en el lugar correcto. Hay dos tipos de pláticas que tienes todos los días: las que tienes contigo mismo y las que tienes con los demás. Tal vez eres una de esas personas que dice: «Yo no me hablo a mí mismo», cuando de hecho la mayoría de las conversaciones que tienes durante el día son contigo mismo y cada una de estas se «disfruta» en la soledad y privacidad de tu mente.

No importa si eres introvertido o extrovertido, creativo o práctico, ¡pasas gran parte de tu tiempo hablando CONTIGO mismo! Lo haces mientras te ejercitas, trabajas, comes, lees, escribes, caminas, texteas, lloras, peleas, negocias, planeas, oras, meditas, tienes sexo (contigo o con otras personas), o menciona cualquier otra actividad que se te ocurra. Ah, sí, incluso mientras duermes.

De hecho, lo estás haciendo en este preciso momento.

Tranquilo, eso no significa que estés loco. O tal vez significa que todos estamos un poco locos. Como sea, todos lo hacemos, así que abróchate el cinturón y bienvenido al show de los locos.

Algunos estudios demuestran que tenemos más de 50 000 pensamientos al día. Piensa en todas las cosas que te dices a ti mismo y preferirías no haberte dicho, o en las que tratas de sobreponerte o vencer. Aunque tenemos poco o nada de control sobre estos pensamientos automáticos y reccionarios, sí tenemos un control espectacular sobre el significado que damos a esos pensamientos. Ojo: ¡no vienen ajustados de fábrica!

Los descubrimientos más recientes de la neurociencia y la psicología también señalan que las conversaciones que tienes contigo mismo afectan profundamente tu calidad de vida. El profesor Will Hart de la Universidad de Alabama llevó a cabo varios experimentos en los cuales los participantes recordaban o experimentaban un evento positivo, negativo o neutral. Descubrió que la gente que describía un evento neutral como si estuviera sucediendo en ese momento se sintió más optimista, y cuando recordaban el evento negativo de la misma manera, experimentaban más negatividad. En otras palabras, el lenguaje que utilizas para describir tus circunstancias determina cómo las percibes, las experimentas y participas en ellas, además afecta dramáticamente cómo lidias con tu vida y cómo te enfrentas a problemas grandes y pequeños.

La conexión entre lo que decimos y cómo lo decimos fue descubierta hace cientos de años, si no es que miles. Filósofos como Wittgenstein, Heidegger y Gadamer conocían la importancia y el significado del lenguaje en nuestras vidas. Wittgenstein dijo: «... la armonía entre el pensamiento y la realidad puede encontrarse en la gramática del lenguaje».

Entonces, la buena noticia es que los estudios han descubierto que las pláticas positivas que tienes contigo mismo pueden mejorar de manera considerable tu estado de ánimo, tu seguridad, tu productividad y más, muchas cosas más. De hecho, según comprobó el profesor Hart en sus estudios, esto puede ser la receta secreta para tener una vida feliz y exitosa.

La mala noticia es que si lo decimos al revés, también es cierto: las pláticas negativas no sólo pueden ponerte de malas, también nos hacen sentir indefensos; pueden hacer que los problemas pequeños parezcan más grandes e incluso crear problemas de la nada. Pero la noticia de última hora es que... tus pláticas contigo mismo te están jodiendo de formas que ni siquiera puedes imaginar.

Ya que sabes esto, dejemos algo en claro: aunque este libro trata sobre el uso del lenguaje correcto para mejorar tu vida, NO estoy sugiriendo que de un día para otro empieces a pensar positivamente o a hacer afirmaciones personales.

Estos temas se han tratado hasta el cansancio con diferentes grados de éxito y ciertamente eso no es lo que haremos aquí. No te pediré que te digas a ti mismo que eres un tigre para liberar a tu animal interior. En primer lugar, no eres un tigre; en segundo lugar, no eres un tigre. Quizás eso les funcione a algunas personas, pero yo soy demasiado escocés para esas cosas; para mí ese tipo de técnicas son como si me obligaran a comer una cubeta de miel de maple con trocitos de bastones de caramelo que sobraron de la Navidad pasada. Gracias, pero no, gracias.

Para mis optimistas que están ahí afuera, ¡lo siento, pero llevaremos este coche hacia otra dirección! Este libro está diseñado para darte un auténtico empujoncito que sientas genuino y correcto para ti, que pueda impulsarte a encontrar nuevos y mejores niveles de tu potencial.

LA DIFERENCIA ENTRE EL ÉXITO Y EL FRACASO

«Si las emociones humanas se generan a partir de los pensamientos, entonces uno aparentemente podría controlar sus emociones al controlar sus pensamientos, al cambiar las oraciones internalizadas o con una plática con uno mismo y con aquello que detonó esa emoción en primer lugar».

Esa cita es de Albert Ellis, uno de los padres de la psicología moderna. Ellis descubrió que la manera como pensamos y hablamos de nuestras experiencias modifica nuestros sentimientos al respecto. En otras palabras, nuestros pensamientos comparten la cama con nuestras emociones. Ellis también descubrió que nuestra forma de pensar a veces puede ser completamente irracional.

Intenta recordar cuántas veces te has dicho: «Qué tonto soy», «siempre arruino las cosas», «mi vida se acabó», o cualquier otra descripción negativa sobre determinado evento, algo como «esto es lo peor que me ha pasado».

Levanta la mano si alguna vez has exagerado algo que, pensándolo bien, apenas se podía registrar como una molestia en el *importantómetro*. Muy bien, baja la mano, la gente está volteando a verte y la verdad es que te ves un poco tonto. Si lo piensas bien, seguramente te darás cuenta de que en el instante previo a esa exageración tuviste una breve pero absurda plática contigo mismo, y ¡BANG!... ahí terminó tu percepción optimista de las cosas.

Algunas de las cosas que hacemos o decimos no siempre son las más racionales, ¡pero de todos modos las decimos y las hacemos! Además, nunca logramos ver realmente lo que estas cosas nos aportan o la carga emocional que aceptamos en una brevísima plática negativa con nosotros mismos.

Verás, no siempre se trata de una plática dramática; a veces es sutil, pero igual de decepcionante. Si estás trabajando en algo podrías pensar: «Esto es muy difícil, ¿qué pasará si no lo acabo a tiempo?». O si comienzas a obsesionarte con todas las formas en que puedes *arruinarlo*, terminarás preocupado y con una ansiedad tremenda. A veces las pláticas negativas con uno mismo pueden terminar en enojo, tristeza o frustración, que se manifiestan en situaciones aparentemente diferentes o sin relación alguna con lo que ocasionó ese sentimiento.

Este tipo de pláticas no facilitan tu vida en absoluto. Mientras más recuerdas la dificultad de algo, más difícil parecerá, ¡incluso más de lo que ya es! Desafortunadamente, al escuchar una y otra vez un torrente de pensamientos automáticos, nos hemos acostumbrado a esa vocecita juiciosa en nuestras cabezas y por eso no nos damos cuenta de cómo los pensamientos negativos afectan nuestro estado de ánimo y comportamiento en cualquier momento. Como resultado, terminamos haciendo, o no, lo que nuestra mente racional quiere que hagamos.

Por ejemplo, tómate un momento para pensar en los quehaceres que más odias, imagínalos peores de lo que ya son. A veces evitamos cosas sencillas como doblar la ropa o lavar los trastes cuando realmente lo único que necesitan es un poco de tiempo y esfuerzo. Si varias de estas pequeñas cosas se te juntan, será muy fácil que colapsen con las más grandes e importantes hasta encontrarnos totalmente abrumados y exhaustos de la vida.

¿Por qué nos *resistimos* a ciertas cosas de la vida? Tenemos una conversación con nosotros mismos sobre ese tipo de tareas que está firmemente arraigada en alguna opinión negativa. Busca en tu propia vida tu «atoramiento» y verás a lo que me refiero. ¡Tus pláticas contigo mismo están bloqueándote!

CÓMO EL LENGUAJE CAMBIA NUESTRAS VIDAS

La forma en que hablamos no sólo nos afecta en el presente; también puede colarse en nuestro subconsciente e internalizarse, cambiando nuestros pensamientos y comportamiento a largo plazo.

En el día a día, la forma como nos hablamos a nosotros mismos y a los demás determina de inmediato cómo comprendemos la vida, y esa misma percepción afecta nuestro comportamiento en ese momento. ¡Ignora tus percepciones bajo tu propio riesgo! O peor aún, ¡vive con la ilusión de que no tienes percepciones!

Si a veces hablas de lo *injusta* que puede ser la vida, empezarás a actuar según ese punto de vista, percibirás injusticias donde no las hay o, como han demostrado algunos estudios, te esforzarás menos en tu trabajo porque ya sabes que no lograrás nada. Esa percepción injusta sobre el mundo pronto se convierte en tu realidad.

Por otro lado, las personas que visualizan el éxito como si estuviera a la vuelta de la esquina no sólo dejan todo en la cancha para conseguirlo; también se sentirán llenas de energía y vivos mientras actúan con la mirada fija en ese futuro éxito. Para dejarlo muy en claro: creer que serás exitoso es sólo una parte (una muy importante) del verdadero éxito. Por lo tanto, ¡también existe una forma para lograr grandes éxitos sin ese tipo de pensamientos, pero el camino será mucho más complicado!

Si te preocupa no ser el tipo de persona que cree en esas cosas... ¡SIGUE LEYENDO!

Marco Aurelio, el filósofo estoico que se convirtió en emperador romano, dijo alguna vez: «He aquí una regla para recordar en el futuro cuando algo te tiente a sentirte amargado: no digas 'es por mi mala suerte'; más bien di: 'soportar esta situación es de buena suerte'».

Está completamente dentro de nuestras posibilidades determinar cómo pensamos y hablamos de nuestros problemas; pueden ser una molestia o una simple piedrita en el zapato; pueden detenernos o darnos un empujoncito.

De hecho, filósofos como Aurelio creían que los eventos del mundo exterior no tienen poder alguno sobre nosotros, que creamos nuestra realidad en nuestras mentes.

«Rechaza tu sensación de daño y el daño desaparecerá por sí solo».

Tómate unos minutos para pensar en esta frase.

¿Qué tan listo estás para considerar que tu vida es como es no por el peso de las circunstancias o situaciones, sino por el peso que tú mismo le has otorgado? ¡¿Que lo que piensas poder hacer o no poder hacer está directamente determinado por una respuesta subconsciente más que por la realidad misma?!

Si sigues mirando hacia el exterior, fuera de ti, a tus circunstancias, y trabajas ferozmente para escapar de ellas, obtendrás la misma respuesta. Estarás lejos del poder, de la felicidad y de la vitalidad. En el mejor escenario, estarás en un subibaja entre el éxito y el fracaso, la felicidad y la desesperación. A veces las circunstancias no cambian, a veces se estancan y se cristalizan. ¿Qué pasaría si aquello por lo que estás luchando, esa cosa que estás seguro que te hará más feliz, una mejor persona o sentir más confianza nunca sucede? ¿Qué pasaría? Aun si llegara, ¿qué harías con tu vida entre este momento y aquel?

Este libro no te pedirá que busques la respuesta en el exterior, sino en tu *interior*. Más bien, no tienes que *encontrar* la respuesta, tú *eres* la respuesta. Tal y como he dicho a muchos de mis clientes: muchas veces la gente pasa toda su vida esperando ayuda de la caballería sin darse cuenta de que ellos son la caballería. Tu vida está esperando a que llegues.

NO TIENES QUE ENCONTRAR LA RESPUESTA, TÚ ERES LA RESPUESTA.

REENTRENA TU CEREBRO, UNA PALABRA A LA VEZ

Todo esto que hemos platicado sobre el subconsciente no se trata de charlatanería. Los científicos han descubierto que nuestros pensamientos pueden cambiar la estructura física de nuestro cerebro. Este fenómeno, llamado neuroplasticidad, está revolucionando la forma en que pensamos sobre la mente humana.

Mientras crecemos, tenemos aprendizajes o experiencias que nuestro cerebro utiliza para organizar y reorganizar constantemente los caminos neuronales que controlan la manera como pensamos y nos comportamos. Lo mejor de esto es que podemos direccionar nuestros pensamientos conscientemente para modificar esos caminos de acuerdo con nuestro deseo. La forma más fácil de hacerlo es a partir de conversaciones contundentes con uno mismo, la clase de pláticas que tengan que abrirse camino y tomar el control de tu vida.

Así como creamos hábitos repitiendo acciones hasta que estas se vuelven automáticas, podemos usar un lenguaje fuerte y asertivo para generar un cambio profundo y duradero en nuestras vidas. Pero se trata de algo más que pensamientos felices (así que no saques todavía los dulces): primero tendrás que modificar el armado biológico de tu cerebro.

Podemos controlar nuestras emociones al dirigir nuestros pensamientos. Podemos darles forma a esos pensamientos siendo conscientes y cuidadosos con nuestras palabras y el tipo de lenguaje que usamos. Gran parte de este esfuerzo dependerá de qué tan tolerante seas con tu estado mental actual y qué tan dispuesto estés a cambiarlo.

Todo parte de tomar una decisión consciente de utilizar un lenguaje que te ayude en vez de dañarte. Al usar el lenguaje correcto y enmarcar los problemas bajo una mirada más amable, podemos literalmente cambiar la forma como vemos e interactuamos con el mundo. Todo eso que has escuchado sobre «crear tu propia realidad» no sólo es posible, ¡millones de personas alrededor del mundo ya lo hacen! Y lo mejor es que no sólo lo están creando; están viviendo e interactuando en ello.

Recuerda, no importa qué tan difíciles, desafiantes u opresoras puedan ser las circunstancias de la vida; la manera como te relacionas con ellas en un nivel fundamental tendrá un mayor impacto sobre el resultado final. De nuevo, recuerda que la respuesta está dentro de ti, no allá afuera.

La forma como hablamos, pensamos y, por ende, percibimos nuestro alrededor conforma el cimiento de nuestra realidad. Crea la realidad en que quieres vivir empezando por tener conversaciones más amables (contigo mismo y con los demás) que realmente construyan esa realidad. Un simple truco que uso para replantear mis «problemas» del día a día es convertirlos en oportunidades. Instantáneamente se convierten en cosas que puedo usar para educarme y expandir mis horizontes. ¡Me vuelvo una persona curiosa e interesada en ellos en lugar de dejar que crezcan dentro de mí la frustración y la molestia!

NARRATIVA VS. ASERTIVIDAD

¿Cómo carajos crea uno su propia realidad? Al cambiar tu forma de hablar contigo mismo, cuando deja de ser una narrativa continua y sin fin (en la que hablas de ti, de los otros y de la vida en un diálogo lleno de opiniones y juicios de valor), la conviertes en *asertiva*, eliminando aquello que sólo es ruido, y ejerces tu poder en el aquí y ahora.

Uno de los primeros errores que cometemos es hablar sobre lo que vamos a hacer o lo que queremos ser. ¡Y ni siquiera me preguntes sobre las palabras *debería* o *intentaré*! En nuestro subconsciente ya determinamos cuándo sucederá eso y definitivamente no es en este preciso momento.

Una de las principales razones por las que abandonamos nuestros propósitos de Año Nuevo es porque involucran palabras como «haré» o «empezaré», es decir, algo que haremos más tarde. La mayor parte del tiempo empezamos por pensar en lo que *no* haremos y eso nos emociona y entusiasma al principio, pero, en cuanto la vida nos recuerda la dura realidad, nos desanimamos. Te quedarás ahí parado frente a un enorme hueco en tu vida ocasionado por haberte detenido. ¡En esos momentos es cuando tu diálogo interno aprovecha para armar una revolución! ¿Y si prometieras bajar de peso y de repente te llega un enorme antojo de pizza, o si prometieras ahorrar dinero pero esa chamarra que tanto te gusta de pronto tiene descuento? ¿Cómo puede uno lidiar con esos momentos en que el entusiasmo disminuye y los viejos comportamientos vuelven a la superficie? ¿Qué vas a hacer en vez de ceder a ellos?

La conversación asertiva surge cuando estableces una declaración para ese momento, para el aquí y el ahora, cuando empiezas a hablar en términos de «yo soy...» o «yo aprovecho...» o «yo acepto...» o «yo aseguro...», frases poderosas e imponentes, en vez de la vieja narrativa de «haré...» o «iré...».

El impacto psicológico y fisiológico de usar un lenguaje presente y asertivo no sólo es poderoso, sino que también tiene un efecto muy real en el presente. Hay una enorme diferencia entre «soy implacable» y «seré implacable». Una de esas frases interviene directamente en tu vida; la otra vive como una descripción de lo que llegará, en vez de lo que está aquí. Para lograrlo tendrás que empezar a hablar de manera asertiva en tu vida diaria y darte cuenta enseguida del momento en que comienzas a usar una narrativa mucho más común y corriente para corregirla en ese instante.

CÓMO USAR ESTE LIBRO

En este libro encontrarás una selección de aseveraciones personales que te ayudarán a empoderarte, avivarte, animarte y motivarte para que pongas manos a la obra en cada día de tu vida.

También verás citas de algunas figuras históricas, filósofos y datos científicos que darán peso a mi método, pero no lo validarán por completo. Todo eso está bien y es fantástico, pero la única forma de leer e interactuar con este libro es explorándolo por completo y poniendo en práctica lo que estoy diciendo. Tómate el tiempo para pensar, reflexionar y experimentarlo por ti mismo. No hay mejor conocimiento que el que adquieres y compruebas con tus propias experiencias.

Si tomas las siguientes páginas como un experimento personal en vez de leerlo como una simple evaluación de contenido, es posible que experimentes el ejercicio más radical que hayas hecho y hasta cambies tu vida. Este ejercicio podría confrontarte, molestarte, sacudirte y desesperarte. Eso está bien; sacúdete y sigue leyendo. Al igual que en una buena película, ¡todo se resolverá al final!

Si te ofendes con facilidad, será mejor que dejes de leer ahora y regales este libro a alguien en tu vida que creas pueda beneficiarse con él.

Espero que el libro te ayude a entender la complejidad y el poder de las conversaciones contigo mismo y cómo usar esto como una fuerza positiva en tu vida. Si bien no vamos a adentrarnos en las fuerzas creativas y destructivas del lenguaje, tendrás una noción de cómo tus experiencias son formadas y moldeadas por los pensamientos y conversaciones internas que tienes en el día a día.

Estas páginas te obligarán a pensar, a conectar tu lenguaje y tus sentimientos de una forma real y consciente con tu día a día, a explorar los inmensos panoramas de la vida que se presentarán cuando empieces a entender la conexión mágica entre cómo hablas y cómo sientes.

Recomiendo leer el libro con *Post-its* a la mano, un marcatextos o cualquier método que te sirva para resaltar alguna parte que conecte contigo. Por eso diseñé el libro para que sea lo más accesible y útil posible para la mayoría de las personas. Cada capítulo es parte de una totalidad, pero se mantiene de pie por sí solo, así que siéntete libre de adentrarte en ellos tanto como quieras. Usa el libro, busca las palabras que necesites para hacer una diferencia en tu vida, hasta que sus páginas estén cansadas de tu hambre de cambio.

En el día a día de tu vida probablemente llegará un momento en que ya no tengas que adentrarte en las páginas de este libro (pero si lo necesitas está bien), por lo que la intención aquí es que utilices estas ideas como punto de partida cada vez que necesites sentirte rejuvenecido. ¡En _esos_ momentos échate un clavado y toma lo que necesites de estas páginas para liberar ese ser que el mundo aún no conoce!

Disfrútalo.

02

«ESTOY DISPUESTO»

DEJA DE CULPAR
A LA SUERTE.
DEJA DE CULPAR A
OTRAS PERSONAS.
DEJA DE SEÑALAR
INFLUENCIAS O
CIRCUNSTANCIAS
EXTERNAS.

CAPÍTULO 2

Tienes la vida que estás dispuesto a soportar.

Piénsalo. ¿Cuáles son los problemas, esas odiosas y oscuras sombras que arruinan la calidez y la felicidad de tu vida?

¿Odias tu trabajo? ¿Estás en una relación conflictiva? ¿Tienes algún problema de salud? Está bien, consigue un nuevo trabajo. Termina esa relación. Cambia tu dieta y ejercítate o busca la ayuda que necesites. Suena sencillo, ¿no crees? La verdad es que tienes un *gran* poder aun en cosas sobre las que creías no tener control y en la manera como decides vivir tu vida después de eventos tales como la muerte de un ser amado o perder tu negocio.

Si no estás dispuesto a tomar las acciones necesarias para cambiar tu situación actual, en otras palabras, **estás dispuesto a soportar** tu situación actual. Entonces, te guste o no, es la vida que has elegido para ti.

Antes de que pienses «pero…» o empieces a enojarte, déjame decirte algo más: al defender las circunstancias como son en la actualidad, realmente estás **argumentando a favor** de estar donde estás. Déjalo ir. Sin peros, no puedes soportarlo. Es peso extra en un viaje que requiere equipaje ligero.

> *«Las circunstancias no hacen al hombre, simplemente revelan su interior».*
>
> —*EPICTETO*

Como alguna vez señaló Epicteto, tu verdadero valor no será encontrado en las circunstancias sino en cómo reacciones ante estas. Para empezar este proceso, primero debes detener otro que también se está ejecutando.

* **Deja de culpar a la suerte.**
* **Deja de culpar a otras personas.**
* **Deja de culpar influencias o circunstancias externas.**
* **Deja de culpar a tu infancia o tu vecindario.**

Este método es fundamental para todo lo que aprenderás en las próximas páginas. No puedes, déjame repetirlo, NO PUEDES seguir echándole la culpa a algo o a alguien más. Hasta culparte a ti mismo es totalmente inútil. Por supuesto que enfrentarás situaciones que aparentemente no puedes controlar; incluso puedes enfrentarte a circunstancias trágicas, como una discapacidad, una enfermedad o hasta la muerte de un ser querido.

Pero *siempre* hay algo que puedes hacer para dejar de lado esas circunstancias, aun si las has experimentado durante años y no encuentras la manera. Primero debes estar dispuesto. Para aceptar mi método por completo, primero debes aceptar que, si bien hay cosas en tu vida sobre las que no has tenido control, eres responsable cien por ciento por lo que haces después de esos eventos. Siempre, sin excusa.

El diccionario describe *disposición* como: «La cualidad o el estado de estar listo: preparado». En otras palabras, la disposición es el estado en que podemos interactuar con la vida y ver cualquier situación desde una nueva perspectiva. Inicia y termina contigo. Nadie puede obligarte a estar dispuesto y no podrás seguir adelante hasta que estés listo para dar el siguiente paso.

Cuando por fin estés dispuesto podrás experimentar, literalmente y a través de la disposición, la libertad innata que fluye por tus venas, pero, de igual manera, cuando no lo hagas, quedarás atrapado, como si un peso invisible apretara tu pecho.

Créeme, puedo escucharte: «Estoy dispuesto, pero...». Cada vez que agregas el *pero* al final de esa oración te conviertes en víctima. En muchos años como *coach* y mentor, he escuchado muchas situaciones de vida muy complejas, desde los pasados más oscuros o el agobiante peso del presente, hasta el miedo paralizante sobre el futuro; los he escuchado una y otra vez. Debes entender lo que te digo en la forma que pretendo. No digo esto para hacerte enojar, bueno, tal vez un poco, pero el objetivo es que despiertes tu propio potencial, que alcances tu propia grandeza, ¡no sólo se trata de hacerte enojar! Prueba esto: imagina por un momento que la disposición está al alcance de tu vida. No una disposición efímera o tímida, sino una poderosa disposición que te lleva al estado en que estás listo para lo que viene y actuar en consecuencia. Disposición para cambiar, para dejar ir, para aceptar. Disposición real, mágica y certera.

ENCONTRANDO
LA PUERTA

«El destino ayuda a quien lo acepta y arrastra a quienes se resisten».

—SÉNECA

O controlas tu destino o tu destino te controlará a ti. La vida no se detendrá por tus pausas y procrastinaciones. No se detendrá por tus confusiones o miedos. Juegues un papel activo o no, el *show* continuará. Por eso, una de las primeras afirmaciones personales que enseño a mis clientes es: **estoy dispuesto.**

Antes de poder decirte eso honestamente, lo primero que debes hacer es preguntarte: «¿Estoy dispuesto?». Esa pregunta necesita una respuesta, no puede quedarse flotando en el universo. ¿Estoy dispuesto? Ansía una respuesta. ¿Estoy dispuesto? Su poder es irresistible. No puedo escapar de su búsqueda por la verdad.

* ¿**Estoy dispuesto a ir al gimnasio?**
* ¿**Estoy dispuesto a trabajar en ese proyecto que he estado ignorando?**
* ¿**Estoy dispuesto a enfrentarme a mis miedos sociales?**
* ¿**Estoy dispuesto a pedir un aumento o a renunciar a esta porquería de trabajo?**

En resumen, ¿estás dispuesto a dejar de vivir la vida que tienes y empezar a vivir la vida que quieres? TODO empieza con la disposición, ese líquido en constante expansión y contracción de donde la vida emana y cede; todo eso está dentro de ti, con un cambio lingüístico de contenido.

Continuamente nos vemos a nosotros mismos como personas flojas, procrastinadoras o desmotivadas cuando en realidad sólo estamos indispuestos. Hacemos cosas a un lado o las evitamos por completo simplemente porque nos decimos que no queremos hacerlas o no *podemos* hacerlas.

En lugar de ver esto como falta de carácter, debemos crear una sensación de disposición donde aparentemente no existe. Una chispa de potencial, si quieres verlo de otra manera. Eres un creador maestro de este estado de apertura y potencial. En determinado momento de tu vida este estado fue fácil de encontrar, pues era motivado por el vigor de tu juventud o por la curiosidad de tu infancia. De algún modo, con el paso de los años, perdiste el contacto con ese mágico estado.

El famoso filósofo y politólogo Nicolás Maquiavelo dijo una vez:

LA VIDA NO SE DETENDRÁ POR TUS PAUSAS Y PROCRASTINACIONES. NO SE DETENDRÁ POR TUS CONFUSIONES O MIEDOS. SEGUIRÁ SIN TI.

*«Donde la disposición es fuerte,
las dificultades no pueden serlo».*

Piensa en eso por un segundo. No importa a qué te hayas enfrentado en la vida o el obstáculo al que quieras sobreponerte, si estás dispuesto a crear ese estado de disposición, encontrarás el camino al esfuerzo, a dar los pasos necesarios, a lidiar con los contratiempos y, finalmente, a crear el progreso y cambio que buscas. Es por ello que una simple aseveración como «estoy dispuesto» es tan profunda. Su simple promesa te empodera y aviva, su encanto te cautiva.

Déjame volver a preguntártelo: ¿estás dispuesto?

CUANDO LA PUERTA ESTÁ CERRADA

Tal vez estés **indispuesto** realmente. En la mayoría de los casos, es la mejor respuesta que puedes dar. A veces declarar tu indisposición llega a ser tan poderoso como declarar tu disposición.

¿Estás dispuesto a vivir con un cuerpo poco saludable? No. ¿Estás dispuesto a vivir dentro de los límites de tus ingresos? No. ¿Estás dispuesto a lidiar con relaciones insostenibles e incorregibles? No.

¡ESTOY INDISPUESTO!

La indisposición enciende la capacidad de resolución y la determinación. Nos permite tomar acciones contundentes y urgentes ante cualquier situación. La indisposición normalmente se representa con una línea dibujada en la arena, una línea que no estás dispuesto a cruzar.

Sólo cuando estás **indispuesto** a conformarte con seguir existiendo, a seguir sintiéndote insatisfecho y descontento, harás el esfuerzo necesario para cambiar. Sólo cuando estés **indispuesto** para soportar toda esa porquería, tomarás tu pala y empezarás a excavar. A veces no hay mejor motivación que la indisposición de seguir con esto por un segundo más. ¿Cuál funciona mejor en tu vida? ¿Estoy dispuesto o estoy indispuesto? ¿Ves cómo estar indispuesto puede ser tan poderoso como estar dispuesto?

Dependiendo de las circunstancias, algunos de nosotros nos sentiremos más empoderados con la aseveración «estoy dispuesto», mientras otros sentirán que decir «estoy indispuesto» les dará fortaleza y resolución. Quizá hasta te sientas motivado por ambas y podrás utilizarlas de acuerdo con la situación en que te encuentres.

Sin importar en cuál categoría estés, no sólo puedes modificar esa afirmación; también puedes replantear la forma como enfrentas tus problemas. Por ejemplo, ¿estás dispuesto a encontrar un trabajo nuevo? Sí. «Estoy dispuesto». ¿Estás dispuesto a seguir en el trabajo que odias? No. «Estoy indispuesto». Ambas afirmaciones pueden ser igual de efectivas. Tú decides cuál queda mejor con tu personalidad o en tu situación actual. ¿Cuál *funciona* para ti?

EL PODER DEL PROPÓSITO

Hay otra forma en que la indisposición puede liberarte de la rueda de hámster por la que corres, porque en ocasiones no importa cuántas veces te lo preguntes o cuántas veces lo digas, no puedes generar la disposición necesaria para cambiar algo. Tal vez seas uno de los grandes que sabe cómo iniciar las cosas, pero no cómo terminarlas. Al final, quizá tengas que descubrir la fría realidad de que has estado demasiado dispuesto a seguir igual. Has estado indispuesto a cambiar tu vida y a bajar de peso de una vez por todas; en alguna parte dentro de ti estás conforme viviendo de esta manera. Digo, es obvio, ¿no? ¡Si no, ya lo hubieras cambiado! De algún modo, desarrollaste una tolerancia enorme para que tu vida siga por el mismo camino.

Sorprendentemente, eso está bien. Ser honesto contigo mismo sobre la decisión que tomaste de quedarte donde estás puede ser tan poderoso como la decisión de cambiar. ¿Por qué? Porque reconocer que estás en el lugar infeliz donde te encuentras por decisión propia puede ser lo que genere una apertura al cambio verdadero y duradero. Esto debe hacerse sin culparte y sin convertirte en víctima de un defecto interno o de una «falta» de carácter. En el momento en que te des cuenta de que tú mismo te has puesto en ese lugar de forma cognitiva y sistemática, ¿adivina qué? ¡Sí, puedes salir de ahí cognitiva y sistemáticamente! Esta también es la razón para darte el regalo de la aceptación, de abrazar lo que fue y retarte a tener un futuro inimaginable.

> *«Un hombre sabio es aquel que no se aflige por lo que no tiene, sino que se regocija por lo que tiene».*
>
> —EPICTETO

Al declarar y enfrentar tu indisposición para cambiar, puedes evaluar tu vida y a ti mismo, para empezar a crear un lado positivo por donde comenzar. El secreto es que, una vez que separes la tarea (o lo que sea que estés enfrentando) del drama del pasado, es más posible que estés listo para vencer esa indisposición. Podrás dejar atrás el huracán emocional y llegar directamente al ojo de la tormenta.

TRATA DE ALCANZAR LAS ESTRELLAS CON TUS BRAZOS

Algunas metas simplemente no están conectadas con tu realidad. No me malinterpretes, estoy totalmente a favor de que trates de alcanzar las estrellas. Por ejemplo, a todos nos encantaría ser tan ricos que no supiéramos qué hacer con tanto dinero, pero ¿estás *dispuesto* a hacer lo necesario para lograrlo? ¿Estás dispuesto a trabajar 60, 70 u 80 horas a la semana, sacrificar las vacaciones y trabajar lo que sea necesario? ¿Estás dispuesto a tener más responsabilidades y, quizá lo más importante, estás dispuesto a arriesgarlo todo? ¿Has pensando en verdad lo que puede costarte ser asquerosamente millonario? ¿En ese agotamiento físico y mental de tu vida y de tu mente?

Nuestra sociedad ha creado una urgencia desenfrenada por ser el más adinerado, la más inteligente, el más guapo, la mejor vestida, el más simpático o la más fuerte, y en ese proceso hemos perdido nuestra habilidad de ser nosotros mismos, de respirar con libertad y elegir nuestro propio camino en vez de cargar con el peso de las expectativas sociales o familiares. ¿Y qué genera todo eso? Bueno, un montón de seres humanos decepcionados e insatisfechos, de eso estoy seguro.

Eso no quiere decir que debas dejar de perseguir metas increíbles que realmente anheles conseguir. Tampoco quiere decir que debas estancarte y dejar de progresar. No hay nada inherentemente malo con trabajar muchas horas y sacrificar tu calidad de vida; hay personas que estarían contentas de hacerlo con tal de obtener el ingreso o el trabajo que desean. Pero la mayoría de nosotros hemos olvidado por qué perseguimos lo que perseguimos.

Continuamente nos enfocamos sólo en lo que no tenemos, aunque quizá no lo necesitemos o ni lo queramos. Al leer esto tal vez estés asintiendo. «Tiene razón, no necesito ser millonario» o «la verdad, no quiero tener un estómago de lavadero». Esto estará bien hasta la próxima vez que veas un hermoso coche y pienses «¿por qué no lo tengo?», o veas la portada de una revista y te preguntes «¿por qué no me veo así?», o «¿por qué no tengo ropa tan bonita?». Saber lo que verdaderamente queremos requiere de una constante revisión de nuestro interior. No es algo que puedas decidir una vez y dar por sentado. Si realmente quieres esas cosas, ¡entonces ve por ellas! ¡Empieza hoy, define tu estrategia, trabaja con tu realidad y, más importante aún, haz las acciones necesarias y hazlas seguido!

Pero si no estás dispuesto a trabajar 10 o 20 horas extra a la semana para poder llegar al trabajo manejando un BMW en vez de un Honda, mejor elimina de tu mente el espacio que le dedicas a ese pensamiento. Deja de fingir. Enfréntate a tu indisposición de tomar las acciones necesarias para conseguir lo que crees querer y acepta de una vez por todas que te has estado mintiendo. Tendrás mucha mayor capacidad para amar la vida que ya tienes y crear un espacio para las cosas que realmente quieres lograr.

«Estoy indispuesto» a renunciar a mis comidas favoritas sólo para tener el mismo cuerpo que tenía a los 20 años. «Estoy indispuesto» a intercambiar tiempo con mi familia por un cero extra en mi cheque.

Enfrenta tu realidad. Una vez que adoptes el estado mental de «estoy indispuesto», dejarás de estar lleno de culpa, resentimiento o arrepentimiento cada vez que veas algo que crees «querer». Te encontrarás en un lugar donde estés conectado y alineado con tu vida real, y si realmente quieres perseguir esas cosas en el futuro, podrás encontrarte a ti mismo en tu realidad y planificar el camino que debes tomar para conseguirlas.

TRAZA TU CAMINO

Una de las cosas más hermosas de ver con objetividad tus metas de vida es que te obliga a reevaluar el camino que puede llevarte hacia ellas.

¿Es **realmente** tan imposible que te ejercites durante treinta minutos como crees? Claro, vas a sudar un poco y terminarás cansado, pero puedes poner tu música favorita y el tiempo se irá más rápido. Además, aunque al principio es posible que te sientas adolorido, pronto te acostumbrarás e incluso te volverás más fuerte.

¿Qué es lo peor que podría pasar si compartes una idea en una junta de trabajo? ¿La rechazarán? ¿Y eso qué? Aun cuando te encuentres frente a problemas MUY grandes, como años de impuestos sin pagar, tener un garaje digno de un acumulador compulsivo o incluso decirle la verdad a alguien a quien le has mentido por mucho tiempo, el camino al cambio inicia con un destello de disposición.

Ten en cuenta que la mayoría de nosotros tendemos a exagerar las cosas en nuestra mente. Decir la verdad puede sentirse como un viaje de ida y vuelta al desierto del Sahara. Si ese es el caso para ti, trata de dividir tu tarea en pequeñas declaraciones de disposición como «levántate», «sal de la cama», «abre el correo electrónico», etc.

Por supuesto, es posible que tu tarea sea mucho más grande que la de estos ejemplos, peor aún cuando llevas al límite el mismo modelo que, según tú, sigue funcionado excepcionalmente bien. Digamos que tienes un oscuro secreto, tal vez te sientes avergonzado, culpable o resentido. Quizá sea algo que pueda cambiar tu vida para siempre. «¿Estoy dispuesto a decirle la verdad a la persona que le he estado mintiendo?». Cuando lo planteas de esta manera, se presenta la oportunidad de hablar, escuchar y lidiar con las consecuencias. Quizá tengas miedo, pero puedes hacerlo. La tarea no es lo importante, sino la vida que se presentará después de que la completes. Cuando seas capaz de ser tú mismo y de sentirte libre, sin tener que contenerte, sin mentiras, sin obstáculos o verdades a medias, conseguirás una versión más viva y expresiva de ti mismo.

La mayoría de las veces, la tarea que enfrentamos es mucho más simple de lo que creemos; el problema es que casi nunca nos tomamos el tiempo para verla bien. Claro que algunas de las cosas a las que nos enfrentemos serán difíciles, pero al mismo tiempo lo que está detrás de todo eso es la vida que siempre soñamos. Una vida que estamos dispuestos y listos para vivir.

Haz esa afirmación: «Estoy dispuesto».

MARCA TU TERRITORIO

Cuando empiezas a ver el mundo a través de los lentes de lo que estás dispuesto e indispuesto a hacer, en vez de lo que pareces querer y no querer, el panorama empieza a ser más claro. En vez de desperdiciar el tiempo preocupándote por las cosas que los demás tienen, empezarás a enfocarte en lo que realmente es importante para ti y para tu vida. Te darás cuenta de que, si reemplazas la envidia, la lujuria y el deseo con una disposición para mejorar tu vida, las cosas empiezan a caer en su lugar.

Si entiendes lo que auténticamente estás dispuesto a hacer, vuelves a tomar el control sobre tus pensamientos y emociones subconscientes que previamente direccionaban tu comportamiento lejos de donde verdaderamente querías ir. Adquieres la habilidad de determinar tu verdad, de no dejar que ese error en tu subconsciente aparezca una y otra vez, sino que tu ser consciente y cognitivo intervenga por ti. La disposición es una verdad, una hermosa verdad que sólo tú puedes generar. Los pensamientos como «soy un fracasado porque no soy millonario» o «soy floja porque uso talla seis» dejarán de tener el poder de hacerte sentir del carajo, pues tendrás control sobre tus propias elecciones. Una vez que plantees tus obstáculos como «dispuesto» e «indispuesto», en vez de dejar que te pesen las opiniones negativas sobre ti mismo y las circunstancias que te rodean, puedes romper las barreras autoimpuestas que te han estado limitando. Podrás ver más allá de las distracciones de las pláticas contigo mismo y todo el drama que crean.

Te darás cuenta de que cuando estés dispuesto a hacer lo que sea necesario, nada más importará. No aplazarás las cosas que realmente estás dispuesto a hacer. No descuidarás las responsabilidades que aceptaste porque tendrás una fuerte disposición para hacerlas.

La disposición es la sangre que da vida a todas las nuevas e infinitas posibilidades que nacerán, a ese un nuevo futuro en el que un nuevo tú puede empezar.

Pregúntate: «¿Estoy dispuesto?» una y otra vez hasta que puedas oírlo sin preguntarlo, hasta que sea lo primero que escuches en la mañana, lo último que oigas en la noche, mientras manejas, al bañarte, «¿estoy dispuesto?». Pregúntatelo una y otra vez hasta que un claro SÍ resuene en toda tu consciencia. ¡SÍ, ESTOY DISPUESTO!

Pregúntatelo de nuevo: «¿Estás dispuesto?».

03

«ESTOY PROGRAMADO PARA GANAR»

LA VERDAD ES QUE ESTÁS GANANDO EN LA VIDA QUE TIENES.

CAPÍTULO 3

¿Y si te dijera que aun cuando crees estar perdiendo en verdad estás ganando? ¿Que **todo** lo que pasa es una victoria?

Es verdad. Y no sólo son charlatanerías de autoayuda para que te sientas bien. Nunca trataría de venderte algo así. Eres un campeón. Has metido gol tras gol, tienes un récord perfecto. Todo lo que te propones se hace realidad.

Probablemente pienses que me volví loco, ¡o tal vez que quien se ha vuelto loco eres tú! Quizás estés seguro de que le estoy hablando a alguien más, a cualquiera menos a ti. Déjame explicártelo antes de que los dos terminemos en un manicomio.

Imagina esta situación: durante toda tu vida has buscado el amor, a una persona especial con quien compartir tu vida, pero hasta el momento no has encontrado a nadie (recuerda que es un ejemplo que puedes usar con cualquier aspecto de tu vida en el que creas que te has atorado en un ciclo sin fín). Has conocido gente, entablado relaciones, pero siempre te quedas al borde del «y vivieron felices para siempre». Tú y tu *media naranja* simplemente nunca se encontraron. El cuento de hadas siempre llegó a su fin, al mismo final de siempre. Después de un tiempo, empiezas a perder la esperanza; empiezas a cuestionarte si algún día conocerás a la persona de tus sueños. Tal vez no estás destinado a tener una relación así.

*«¿Algún día alguien me amará?».
«¿Soy digno de ser amado?».
«¿Por qué siempre atraigo al mismo tipo de personas?».*

A veces recuerdas tu infancia, un momento en particular en que no te sentías amado o un periodo de tu adolescencia en que te sentías como un desconocido, o tal vez hasta veas tus relaciones pasadas como una escena de la película *Hechizo del tiempo* sólo que con personajes diferentes cada día. ¡Qué frustrante!

Un día conoces a alguien, tienen unas cuantas citas y te das cuenta de que realmente te encanta su compañía, las cosas salen bien y esas pocas citas se convierten en algo de semanas y esas semanas en meses. Por fin llega el momento en que no puedes resistirte más e intercambian sus primeros «te amo». No sólo estás enamorado, sino que empiezas a preguntarte «¿podría él/ella ser *el indicado*?». ¡Wiiii! La emoción, la fortuna y la posibilidad te revigorizan y te avivan.

Sin embargo, en algún momento llegarán las nubes grises de la duda; casi siempre inician como algo pequeño, pero poco a poco crecen hasta que empieza la tormenta. Y así de rápido como te enamoraste, te desenamoras. Las cosas más pequeñas terminan en una pelea. La química poco a poco empieza a evaporarse y tu relación se convierte en un desierto, vacío y seco, hasta que te das cuenta de que sólo estás tratando de llevarte bien con tu pareja y eso destruye tu alma. Uf. Otra vez.

En algún momento los dos se darán cuenta de que las cosas no están funcionando, quizá lleguen a un punto de quiebre (o varios) y terminará con una de esas peleas horribles. Tal vez su relación tiene una muerte lenta, hasta que decides desenchufarla. No importa cómo, en algún momento tomarán caminos distintos. Ni modo. Te sientes dolido, aplastado, pero de alguna manera llegas a la resolución de que algún día las cosas mejorarán. Algún día.

Tal vez no lo sepas, pero así fue. Aunque tu relación se vea como una derrota, la verdad es que fue una victoria gloriosa y resonante. Una victoria digna de los dioses. ¡HURRA!

La verdad es que estás ganando en la vida que tienes.

«¿Y si no quiero esta vida?» Está bien, pero esta es la que tienes por el momento y en la que estás ganando.

CONSTRUYENDO EL MISTERIO

¿Cómo podría una relación fallida ser una victoria?

Bueno, no te voy a decir que tu vida es mejor sin ciertas personas en ella. No te voy a decir que eres un copo de nieve único y especial que encontrará a la persona perfecta «cuando esté listo». No te voy a comprar una calcomanía para tu coche que te motive ni te voy a mandar memes que digan lo grandioso que eres y cómo el problema es de los demás. Tú y yo sabemos muy bien que eso no es cierto.

Nop. Ganaste en todas esas relaciones fallidas porque lograste lo que te propusiste desde el principio. Desde el primer «hola». «Pero, pero, pero... mi pareja no puso de su parte, ¡ELLOS lo arruinaron!». Eso ya lo sé, pero ¿y si tu subconsciente eligió a esa persona desde el inicio? ¿La persona ideal para recrear las mismas historias de tu vida una y otra vez?

¿Y si te motiva la idea de demostrar que nunca nadie te amará? ¿Y si esa idea es una reacción subconsciente a una infancia problemática, a otras relaciones que terminaron mal o algo parecido? ¿Y si ese patrón estuviera tan tatuado en tu subconsciente que intencionalmente buscas cómo sabotear el éxito de tus relaciones?

Te vuelves sensible a problemas donde no hay alguno. Empiezas a ser quisquilloso y las cosas más pequeñas empiezan a molestarte y las exageras. Con el paso del tiempo lograste demostrar tu punto y la relación llegó a su obvio e inevitable fin. ¿Y si esto es parte de lo que has programado para ganar? Estabas convencido de que no eras digno de una relación amorosa, así que sistemáticamente has tratado de demostrarlo y lo has logrado. ¡Felicidades!

Si crees que esto empieza a sonar como que eres un sadomasoquista sin esperanza, no te preocupes: hay un lado bueno en todo ello.

Tal vez no te reflejes en el ejemplo que describí arriba. Tal vez estés felizmente casado con el amor de tu vida o tal vez estás rechazando parejas potenciales por todas partes. Busca tus propios *lugares oscuros*, aquellos aspectos de tu vida en los que eres menos eficiente, en los que parece que siempre has perdido o en los que te has atascado por un buen rato.

Verás, nuestros pensamientos son tan poderosos que constantemente te están empujando hacia tus metas, ¡aun cuando no sepas cuáles son! Tu cerebro está programado para ganar. Esta dinámica no sólo aplica en tus relaciones, también en tu carrera profesional, en tu salud, en tu economía y en todo lo que hagas. Estás programado para ganar.

Eso nos lleva a nuestra siguiente afirmación: **«estoy programado para ganar»**.

Siempre estás ganando porque tu cerebro está programado para hacerlo. El problema llega cuando lo que realmente quieres a nivel subconsciente y consciente son cosas diferentes, algunas veces radicalmente diferentes.

AMO DE TU DOMINIO

En sus investigaciones, el doctor Bruce Lipton, el famoso científico del ADN y las células madre, descubrió que 95% de las actividades que realizamos en nuestro día a día son controladas por el subconsciente. Piensa en eso durante unos minutos. Eso significa que de todas las cosas que pensamos o decimos, sólo una pequeña fracción se lleva a cabo por acto de voluntad.

Piensa en todas esas veces que perdiste noción del tiempo, cuando manejaste a casa y al llegar no recordabas nada sobre el trayecto, o hasta cuando olvidaste qué día de la semana era.

LA MAYOR PARTE DEL TIEMPO ESTÁS EN PILOTO AUTOMÁTICO, CAMINANDO, SIN SIQUIERA PENSARLO, POR EL LODOSO Y PREDECIBLE CAMPO DE LA VIDA.

La mayor parte del tiempo estás en piloto automático, caminando, sin siquiera pensarlo, por el lodoso y predecible campo de la vida.

El camino que sigas será dictado por tus pensamientos más profundos e inadvertidos. Tu cerebro te empuja una y otra vez por ese camino, ya sea el que elegirías conscientemente o no.

¿No logras aumentar tus ingresos económicos? ¿No puedes bajar de peso? ¿Has pensado alguna vez en las creencias subconscientes ocultas que tienes sobre el dinero o el peso que puedan estar manipulando tus acciones (o la falta de estas)? Automáticamente te relacionas con una cierta clase económica, con cierto estado físico y tus acciones hacen todo para mantenerte en ese lugar, donde te sientes más cómodo.

Me gusta decir que ganamos en dominios o mundos. Digamos que ganas 30 000 dólares al año. Ese es un dominio. Toda la planificación, estrategia y pensamiento que dedicas a hacer dinero es un dominio. Aunque no lo creas, no es necesariamente más difícil ganar 30 000 o 60 000 dólares. Puedes pensar que así es, pero eso no es una verdad absoluta. Así tengas un salario de 25 o 50 dólares por hora, sigues trabajando 40 horas a la semana. Si bien es importante que identifiques aquello en lo que estás trabajando y si estás siendo productivo o si sólo estás trabajando por trabajar; a veces sólo es cuestión de que entres en el dominio correcto. ¿Cómo puedes hacerlo? Primero tienes que descubrir y reconocer las formas en que te has limitado, del tipo de «absolutos» que tienes que no has notado. En otras palabras, el tipo de conclusiones que tienes sobre ti mismo, sobre los demás y sobre la vida, esas conclusiones que limitan tu potencial. Sólo cuando rompas con esas conclusiones y experimentes la vida desde fuera de tu existencia actual, empezarás a entender el poder de este fenómeno.

Si bien estoy consciente de que eso puede parecer una visión muy simplificada de la vida, es una visión que puede abrirte los ojos a otro mundo de logros, aunque esa es una conversación para otro momento. En este caso, da por hecho que tu vida está compuesta por varios dominios y en todos ellos estás ganando.

El punto es que estás ganando en el dominio donde estás jugando; estás programado para ganar en ese dominio. Si quieres salir de ese dominio, tendrás que haces varios cambios drásticos a tu piloto automático.

ENCUENTRA LA VENTAJA QUE TE LLEVARÁ A LA VICTORIA

¿Sigues sin convencerte? Es momento de verte en el espejo y descubrir exactamente de dónde provienen tus victorias.

Analiza con cuidado tus áreas problemáticas. ¿Qué es lo que más te da problemas en la vida? ¿Tu carrera? ¿Un hábito negativo? ¿Tu alimentación? Tal vez dejas tus obligaciones laborales para el último minuto. Esperas hasta que no puedes esperar más y entonces te pones a trabajar bajo la presión del plazo de entrega.

Siempre ganas al tratar de demostrar algo. En el caso de arriba, ganas al demostrar que no tienes tiempo, que puedes procrastinar o que eres un perdedor que siempre espera hasta el último minuto. O quizás es algo más. La clave aquí es cuestionarte a ti mismo; analiza tus acciones. ¿Cuál es el punto de todo esto? ¿Qué consigues al demostrar que tienes la razón?

Justo como señalé en el ejemplo inicial sobre la relación romántica, solemos tener ciertas creencias acerca de nosotros mismos o sobre la vida que queremos demostrar una y otra vez con nuestras acciones de cada día. Esas creencias resultan ser extremadamente precisas en la realidad. ¿No crees que eso sólo te hace perder el tiempo? ¿Qué es lo que esperas demostrar?

«No merezco ser amado», «no soy inteligente», «soy un fracaso», «no soy tan capaz como solía ser». Con este tipo de frases atoradas en tu subconsciente, ¿te das cuenta de que te has vuelto un maestro en demostrar que son ciertas? Para tener éxito de una forma positiva, ¡tienes que demostrar que esas creencias son FALSAS! Quizá para ti eso sea demasiado fuerte como para soportarlo, ¡pues destruirás las bases de la persona en que te has convertido!

He descubierto que muchos de mis clientes tienen una cosa en común: el deseo subconsciente de demostrar que sus padres los criaron mal. Esto puede manifestarse de muchas maneras, algunas peores que otras, algunas más sutiles, otras más obvias, pero todas muy potentes.

Quizá quieras demostrar que tus padres se equivocaron al criarte, cuando tratas a tu cuerpo como un basurero, haces cosas para que te arresten, te vuelves adicto a las drogas o al alcohol, dejas la escuela, fallas en todas tus relaciones, tienes constantes crisis financieras o sigues cualquier camino en el cual puedas extraviarte. Como adulto, puedes caer en lo más bajo, desconectarte o perderte en las presiones del trabajo.

Todos estos ejemplos pertenecen a la vida real de algunos de mis clientes que han intentado «probar» que uno o ambos padres les fallaron en la niñez y no los prepararon adecuadamente para la edad adulta. Esta creencia, convenientemente, también permite una explicación clara y eficaz sobre por qué hicieron lo que hicieron y por qué de vez en cuando actuaban como unos desgraciados en *su* vida.

¿Puedes ver de qué manera haces esto en tu vida? Piensa en los problemas de tu vida; ahora piensa en ellos, según lo que estás obteniendo. ¿Qué ves?

Si se te dificulta terminar tus actividades laborales, quizá crees que eres incapaz o flojo, y compruebas esa idea cada vez que pones tu trabajo en pausa o procrastinas. De este modo te demuestras a ti y a los demás que realmente eres esa persona. ¿Por qué hacemos esas cosas? En teoría somos máquinas de supervivencia y qué mejor manera de sobrevivir al futuro que hacer siempre lo mismo; sin importar lo malas o negativas que sean esas acciones, hasta ahora has logrado sobrevivir.

No te limites a los ejemplos que estoy dando; sólo son eso, ejemplos. Podrías estar ganando en algo completamente diferente. Tómate tiempo para hacer una introspección. Si lo consideras necesario, escribe los patrones que veas. Conecta las piezas del rompecabezas.

Tal vez tus papás fueron los mejores, pero aun así no logras comprometerte con una persona. ¿Podría ser porque crees que tu pareja nunca lograría seguir el mismo ejemplo con el que fuiste criado?

El punto es que todos tenemos algo. Busca y conecta todas las situaciones diferentes que aparecen en tu vida. Toma nota cada vez que rompas tu dieta, que dejes de ahorrar o que hables de más. Piensa cuántos días dejaste de ir al gimnasio. Piensa en las veces que te fuiste de compras en vez de al banco. Escoge una y trata de descubrir qué «ganaste». Anota las veces que te enojaste cuando no debiste. ¿Qué tienen todas esas cosas en común?

Sin importar el dominio donde estés ganando, pronto te darás cuenta de algo: eres muy bueno haciéndolo.

Puedes dejar los trastes sucios en el fregadero por días. Usarás todos los platos, vasos y cubiertos de la casa, y después empezarás a ser más creativo, como comer cereal en un *tupper* usando un cucharón. ¡Hasta parecerá un *life-hack*; tómale una foto y súbela a Pinterest!

De hecho, puede ser bastante impresionante… de una forma muy extraña. Una vez que te tomes el tiempo para analizar tu vida a través de este enfoque, empezarás a ver que lo que te digo es verdad. Realmente estás programado para ganar. Puedes hacer (y ya lo haces) todo lo que te propones.

El filósofo estoico Séneca dijo una vez:

«*El poder de la mente es ser inconquistable*».

En este momento tu mente es inconquistable si se trata de demostrar que no mereces ser amado, que eres flojo, que nunca estarás en forma o que nunca tendrás dinero.

CREA UN PLAN DE JUEGO

«La felicidad de tu vida depende de la calidad de tus pensamientos; por lo tanto, actúa como corresponde y ten cuidado de no entretenerte en nociones inadecuadas para la virtud y la naturaleza razonable».

—*MARCO AURELIO*

Hemos platicado sobre el enorme rol que tiene nuestro subconsciente en todo lo que hacemos. Aun cuando tomemos todas las decisiones correctas en cada oportunidad que se nos presenta, esto sólo sería una fracción mucho más pequeña de nuestra vida diaria.

La afirmación personal «estoy programado para ganar» te ayudará a darte cuenta de qué tan poderosos son tu mente y tú. Pero para eso necesitas un plan de juego. Eso significa que debemos llenar nuestra «cubeta» con las ideas correctas. Esta es una buena forma de empezar.

Piensa en la cosa o cosas que te gustaría cambiar de tu vida. Podrían estar relacionadas con algún área que ya vimos antes o con algo totalmente diferente. ¿Dónde te gustaría ver un progreso? ¿Qué es lo que quieres lograr?

Escoge una meta y hazla pedazos. ¿Qué pasos necesitas dar para lograrla? ¿Qué objetivos a corto y mediano plazo debes perseguir para marcar tu progreso?

Si quieres bajar de peso piensa en cómo debes cambiar tu dieta, ejercitarte más y adoptar hábitos más saludables. Repasa las acciones diarias que tendrás que mejorar, vuélvelas una realidad. No te detengas ahí: piensa en los cambios mentales que tendrás que llevar a cabo para conquistar tu objetivo de bajar de peso. Debes ser insaciable en tu búsqueda por conseguir lo que quieres, especialmente cuando conversaciones pasadas contigo mismo empiecen a aparecer en tu cabeza.

Cuando te hayas enfrentado a tus problemas cara a cara, ¿cómo cambiará tu percepción de ti mismo? Cuando seas la persona saludable en que te quieres convertir, ¿cómo cambiarán tus creencias sobre ti mismo? ¿Cómo será *esa* vida? Pero te advierto que tengas cuidado con la idea de que de la noche a la mañana serás la persona más increíble del mundo. El futuro no es la respuesta a tu presente.

Como ya platicamos, los pensamientos subconscientes están enterrados profundamente en tu psique, así que necesitarás pensar, imaginar y comprometerte a transformar esos pensamientos invisibles, pero poderosos, en unos que se adapten a la meta que te has puesto. Al igual que con las páginas de este libro, tómate tiempo para tomarte tu tiempo.

Si analizas las áreas problemáticas que identificaste antes, probablemente puedas conectarlas con un evento que contenga una fuerte carga emocional de algún momento de tu vida que ayudó a grabarlas en tu mente. Ese evento puede ser una infidelidad, un *bully*, unos padres que fallaron en satisfacer tus necesidades y deseos, una vergüenza pública o algún fracaso en tu carrera profesional.

Pero, mientras más piensas en el futuro y en lo que quieres lograr, más intentarán colarse esos procesos mentales en tus pensamientos para adueñarse de ellos. Recuerda: cuando identifiques y explores lo que has estado ganado, no se trata de pelear contra esos pensamientos y acciones o resistirte a ellos, sino que se trata de redireccionarlos para enfocarte en nuevos objetivos y resultados. Este trabajo debe ser del tipo que eleve tu conocimiento y encienda alarmas de emergencia cada vez que te salgas del camino. Mientras mejor entiendas tus patrones, mejor podrás identificarlos como una señal de alerta.

Cuando tengas claros los objetivos que identificas como verdaderamente tuyos y, más importante aún, cuando tomes las acciones necesarias para lograrlos, será cuestión de tiempo para que los alcances.

Estamos programados para ganar. Estás programado para ganar. Define tu juego, acepta el reto y trata de entenderte de formas más profundas y significativas. El conocimiento verdadero de ti mismo y de tus límites permite que el éxito y la libertad se desplieguen frente a ti una y otra vez. Mientras más consciente estés de tu programación para ganar, más encontrarás espacio y oportunidades para mejorar en el área que deseas.

Sal, confía en ti mismo, entrégate por completo a tu infinita capacidad para ganar. Proponte el reto de encontrar nuevas y emocionantes formas de ganar. Exige tu grandeza y repite después de mí: «Estoy programado para ganar».

04

«PUEDO CON ESTO»

TODOS TIENEN PROBLEMAS, LA VIDA NO SIEMPRE ES PERFECTA. NUNCA LO SERÁ.

CAPÍTULO 4

Ugh.

Llega un momento en nuestra vida en el que nos sentimos un poco tristes, quizás hasta derrotados, especialmente cuando nada parece salir como lo planeas. No es que nos hayamos rendido por completo (aunque algunas veces así pareciera), es sólo que el problema es muy complicado.

Posiblemente sea un problema muy grande: te despidieron del trabajo, tu pareja te pidió el divorcio, chocaste, o tal vez te pasen las tres cosas al mismo tiempo. Ni una pata de conejo podría salvarte. O puede ser algo menos serio: perdiste tu playera favorita, se rompieron tus lentes, tu perro se comió tu correspondencia, casi no dormiste la noche anterior o se te quemó la cena.

El punto aquí es que las experiencias negativas difícilmente se quedan contenidas en un solo tema. Se *extienden* como un químico nocivo y llegan a cada rincón de nuestras vidas.

Si tienes problemas económicos, consciente o inconscientemente te estresarás durante la cena, lo que significa que no disfrutarás de tus alimentos. Empiezas a sentirte enojado en tu entorno familiar, a perder la paciencia con tu pareja y a distanciarte de tus hijos. Te molesta que el perro ladre o que el vecino haga ruido. Las pequeñas cosas, como el tráfico y las largas filas, te frustran cada vez con mayor facilidad.

Es como si tu vida entera estuviera manchada: esos problemas pequeños empiezan a nublar todo el panorama. Como un derrame de café en tu escritorio, los pequeños problemas se esparcen rápidamente y crean problemas más grandes, como cuando el café empieza a acercarse a tu computadora, al teléfono o a los billetes, mientras intentas desesperadamente limpiarlo con una servilleta, que lo único que hace es ocultar el problema, porque en realidad sólo crea un desastre mayor. Ese pequeño desastre puede influir en todas las áreas de tu vida al grado de que las emociones a través de las cuales ves todo se vuelvan tu realidad.

Empiezas a pensar…

«La vida es demasiado difícil».
«Nunca lograré superar esto».
«Todos son unos idiotas».
«Estoy hasta la madre».

Ninguno de estos comentarios refleja la realidad (sin importar lo que pienses en ese momento), sino tu percepción de esta. Desafortunadamente, saber eso no te ayuda en nada cuando estás atrapado en medio del caos. Y, obviamente, lo único que hace es empeorar las cosas. Una experiencia negativa de mí o de mi vida no me ayuda a superar mis problemas y tampoco me permite disfrutar de la vida.

Para lidiar con esto necesitamos cambiar la forma en que vemos nuestros problemas y el mundo, tenemos que adoptar una nueva visión más poderosa, optimista y realista. Por eso la siguiente afirmación que debes conocer es: **«puedo con esto».**

PON LOS PROBLEMAS EN PERSPECTIVA

«Si nuestras desgracias estuvieran apiladas en un mismo lugar y todos tuvieran que tomar una porción igual, la mayoría de las personas estarían contentas con su parte y se irían».

—SÓCRATES

Todos tienen problemas, la vida no siempre es perfecta. Nunca lo será. No lo fue hace 2 400 años cuando Sócrates vivía y tampoco lo es hoy. Pero, si estamos siendo brutalmente honestos con nosotros mismos, nos daremos cuenta de que nuestros problemas son insignificantes en comparación con el resto del mundo. En serio. Piénsalo.

Si estás leyendo esto, es muy probable que tu vida no sea tan difícil como la de un niño en Somalia o un paria de la India. Además, tus problemas son más fáciles que los de Sócrates que nació en 470 a. C., antes de la medicina moderna, de la electricidad, de los coches e incluso antes de las leyes que promueven la seguridad pública.

No tienes que viajar al otro lado del mundo o en el tiempo para hacer esta comparación: ve al otro lado de tu ciudad o échale un vistazo a los alrededores de tu oficina o vecindario, es prácticamente un hecho que encontrarás personas con problemas más graves que los tuyos. Tal vez no lo veas, pero es cierto para todos: sólo vemos lo mejor de las vidas de los demás mientras nos enfocamos en lo que pasa tras bambalinas en la nuestra.

Si estás volteando la mirada y preguntándote: «¿cómo me ayuda eso a solucionar mis problemas?», te lo diré: no lo hace. Saber esto no hará que la llanta de tu coche se cambie por sí sola o que aparezcan por arte de magia otros 1 000 dólares en tu cuenta.

Ahora, sólo por un momento de tu significante existencia, deja de rascarte la panza y mira a tu alrededor. Conéctate con tu realidad, con tu verdadera vida, y no te cuentes un cuento cargado de emotividad sobre tu propia historia. Esto te ayudará a poner las cosas en una perspectiva basada en la realidad y logrará que te enfrentes a tus problemas con una actitud más poderosa, que matará de hambre a esa creciente negatividad que intenta, y logra, atraparnos entre sus garras. Si todos a tu alrededor lidian con sus problemas, algunos peores que los tuyos, seguramente tú también puedes hacerlo.

CONÉCTATE
CON TU REALIDAD,
CON TU VERDADERA
VIDA, Y NO TE
CUENTES UN CUENTO
CARGADO DE
EMOTIVIDAD SOBRE
TU PROPIA HISTORIA.

Lo sé, los dos lo sabemos: cuando ocurre un desastre es complicado mantenerte tranquilo. Nuestros problemas siguen siendo reales, siguen doliendo y siguen permitiendo que nuestras emociones se apoderen de nosotros. Cuando empieces a tener ese tipo de emociones, da un paso atrás. Un gran paso atrás. No se trata de alejarte un poco, sino de alejarte tanto como puedas. Sigue caminando hacia atrás, trata de ver la vida como realmente es.

Aquí es cuando tienes que empezar con tu imaginación.

Antes que nada, recomiendo a mis clientes que echen un vistazo a toda su vida. Imagínate frente a las vías de un tren que van de izquierda a derecha tan lejos como alcanzas a ver. Por supuesto que las vías no están en medio de la nada. Atraviesan el campo y varias ciudades, pasan por túneles, ascienden puentes, cruzan océanos, trepan montañas y descienden por cañones. Imagínate la variedad y magnitud de los alrededores. Ahora voltea a ver hacia la izquierda, observa tan lejos como puedas. Eso es tu pasado; es el lugar de donde vienes, el trayecto que ya recorriste en tu viaje por la vida. Sigue las vías hacia la distancia. Mientras caminas, ve tu vida entera, todo lo que te ha pasado y cómo se expande frente a ti. Tómate el tiempo necesario para pensar en las experiencias más memorables de tu vida.

Tal vez recuerdes cuando caminaste por el pasillo de la iglesia al lado del amor de tu vida. Quizá sea el nacimiento de tu primer hijo y la sensación que tuviste al cargarlo por primera vez. ¿Cambiarías esas sensaciones por algo más? Recuerda esas vacaciones familiares en la playa, cuando pasaron unos días en el paraíso. ¿Qué tal cuando compraste tu primera casa? ¿O cuando conseguiste el trabajo que querías? No importa cuál sea tu pasado, saborea el recuerdo de cada experiencia maravillosa.

Dependiendo de dónde estés ahora, puede ser que tengas docenas o cientos de experiencias maravillosas para recordar. Graduaciones, aumentos, premios, fiestas y relaciones. Hasta las cosas más pequeñas pueden reconfortarte, como los recuerdos de tu infancia o algún sabor o sonido que te evoquen momentos llenos de felicidad. Ábrete a la experiencia de esos tiempos felices.

Pero no sólo te enfoques en lo dulce de tu vida, también piensa en lo malo.

Recuerda los momentos en que tuviste problemas, sufriste algún revés o tocaste fondo. Las peleas, las rupturas, las multas de tránsito o los pagos retrasados. ¿Recuerdas cuando tus papás te cacharon saliendo de la casa sin permiso y te castigaron? Si tuviste una mala infancia, deja que todo eso también fluya. ¿Qué tal la vez que olvidaste pagar el recibo de luz y tuviste que leer a la luz de una vela? ¿O cuando tuvieron que operarte y pasaste varios días en el hospital? ¿O cuando terminaste con tu pareja y pasaste semanas deprimido? Deja que todo eso salga, desde lo más trágico y traumático hasta lo simplemente irritante, molesto, o algún tipo de arrepentimiento.

Recuerda todos los problemas a los que te enfrentaste y después venciste. Muchos de ellos pueden ser parecidos a lo que estás pasando hoy.

Quizá ya sentiste emociones similares en el pasado, creíste que nunca lograrías superar a tu ex, que nunca encontrarías un mejor trabajo o que nunca dejarías atrás alguna humillación o vergüenza. Pero lo hiciste. Te levantaste, soltaste unas patadas y seguiste caminando; es más, si volteas a ver tus problemas del pasado es muy probable que varios te parezcan hasta tontos.

¿Puedes creer lo mucho que te molestó sacar seis en tu examen de matemáticas en la prepa? ¿O lo mal que te sentiste por no volver a salir con ese chico o chica que tanto te gustaba?

Hasta los peores problemas pueden parecer algo muy diferente hoy en día. Al fin y al cabo, los superaste y te ayudaron a convertirte en la persona que eres hoy.

MIRA HACIA EL FUTURO

Ahora que viajaste al otro extremo de las vías del tren, es hora de que gires tu mirada hacia el otro lado.

Es hacia la derecha, en caso de que no lo hayas descubierto; ahí está tu futuro. Ahí encontrarás todas las cosas por venir, las experiencias y los eventos que te esperan en el recorrido de tu vida, como nuevas relaciones con gente que aún no conoces, lugares de los que nunca has oído, hacer las cosas que siempre has querido hacer. Tendrás nuevamente esa sensación que te eriza la piel cuando besas por primera vez a alguien que te gusta, o la conexión, satisfacción y paz que te da envejecer al lado de la persona que amas. Tal vez tengas hijos y los veas crecer, sacar buenas calificaciones, anotar goles y hasta actuar en la obra escolar. Antes de que te des cuenta, ellos te presentarán al amor de *su* vida. Y entonces llegarán los viajes al cine y a Disney con tus nietos.

Hay toneladas de potencial sin explorar y grandes oportunidades esperándote en tu futuro, ya sea un evento que cambie tu vida o una noche de diversión con tus amigos. El futuro puede tener grandes cosas para ti.

Por supuesto que no todo será color de rosa, pero eso ya lo sabes. Habrá pruebas y problemas: decepciones, derrotas, peleas y miedos. Pero no te detengas ahí, sigue observando las vías del tren hasta el final. Así es, esta vida llegará a un fin, tu fuerza vital dejará de existir en este plano físico, la experiencia de ser tú mismo llegará a su final: piensa en el día que morirás. Sé que no es placentero, pero va a pasar, así que ¿por qué no aceptarlo de una vez?

En esta vida a veces tienes que hacer cosas que no quieres, con gente que no te cae bien y en lugares que no te interesan. La gente saldrá de tu vida tan rápido como entró. Perderás dinero, algunas cosas se romperán y tu perro morirá. Pero superarás todo eso, lo bueno y lo malo, tal y como hiciste en el pasado. Seguirás ahí, firme como el campeón que eres, porque todo eso es sólo una escena más en la película de tu vida.

UN MAR DE «ALGOS»

«Es en nuestros momentos más oscuros cuando debemos enfocarnos en ver la luz».

—ARISTÓTELES

El propósito de este ejercicio es que comiences a poner las cosas en perspectiva. Al examinar todo lo que has experimentado y lo que está por llegar, tómate un momento para examinar lo que estás enfrentando hoy. Todo lo que está servido en tu plato en este momento es sólo **un algo más en un mar de algos.**

Tu barco no se ha hundido y no se hundirá con facilidad. Tal vez haya algunas olas, tormentas feroces y quizás hasta te marearás de vez en cuando, pero el viaje por el océano que llamamos vida seguirá. Al igual que un capitán enfrentándose a una borrasca, no puedes evitar que te sacuda, pero tampoco permitirás que te hunda. Tienes que dar un paso al frente, tomar el timón y llevar tu vida hacia la dirección que quieres ir. Tu viaje no fue tan tranquilo como querías, ¿y qué? ¿Acaso eso significa que debas dejar que el viento te saque de curso? No lo creo. Y definitivamente no deberías dejar que lo que pase en un área de tu vida afecte todo el panorama. Simplemente no puedes dejar que tus problemas en el trabajo te hagan sentir miserable en casa o que tu relación amorosa afecte tu productividad en el trabajo.

Enfrenta los problemas según vayan apareciendo, dales la atención y el tiempo que necesiten uno por uno y después sigue con tu vida. Juntar todos tus problemas en un racimo de confusión y permitir que te agobien no servirá de nada. Necesitas precisión, paciencia y disciplina en tus pensamientos. Trabaja de manera pragmática cada problema y ten siempre una solución en mente. Recuerda: **todo** tiene solución y, si no puedes verla, es porque no has pensado en ella, pero llegará.

Muchas veces la razón por la que no puedes ver la solución es porque estás demasiado cerca del problema. Da un gran paso atrás para que puedas ver el panorama completo. Esto es parecido a un fenómeno que los psicólogos llaman «reestructuración cognitiva», es decir, cambiar la forma en que los problemas llegan a tu vida.

Nuestras mentes siempre tratan de engañarnos, cambiando o distorsionando nuestros pensamientos de maneras que no siempre son racionales. Aunque nos gustaría pensar que siempre somos lógicos, la verdad es que no. Estamos a merced de prejuicios cognitivos, emociones e ideas falsas, y lo peor es que la mayor parte sucede sin que nos demos cuenta.

A veces estamos muy cerca, demasiado metidos en nosotros mismos para darnos cuenta. Es nuestro trabajo tomarnos un momento, dar un paso atrás y entender bien lo que está pasando.

«Esa es una de las peculiaridades de estar de malas: nos engañamos y nos sentimos miserables al decirnos cosas que simplemente no son ciertas».

—DAVID D. BURNS

Y si las cosas siguen estando fuera de foco, da otro paso atrás. Y otro. Y otro más.

Pregúntate: «¿Qué está pasando aquí?», hasta que veas tus problemas en forma más clara, libres del peso emocional. Persiste hasta que puedas ver tu vida entera y darte cuenta de que los problemas por los que pasas ahorita no son más que un bache en el camino.

PUEDES CON ESTO

Cuando por fin pongas las cosas en perspectiva, llegarás a una nueva afirmación: «puedo con esto». Empezarás a creerlo, a experimentarlo y a vivir *con* eso.

Puedes con esto. No te va a matar. Tu vida no se va a acabar. Tienes mucha gasolina en el tanque. Mucha.

«Puedo con esto» no significa que tengas la solución perfecta, sino que estás tomando el volante con ambas manos y tienes derecho a decidir el destino, como lo has tenido a lo largo de toda tu vida. ¡Carajo, *vives* por momentos así!

No siempre será bonito, no siempre será divertido, pero puedes con esto. No sólo te lo digo para que arregles tu vida con cinta adhesiva para que te sientas un poco mejor después de terminar con tu pareja. Échale un vistazo a tu pasado, ¡realmente puedes con esto! Harás que funcione, siempre lo has hecho. Pudiste en ese entonces y puedes en este momento.

Conoce quién eres en realidad y dilo.

Puedo con esto. Puedo con esto. Puedo con esto.

05

«ACEPTO LA INCERTIDUMBRE»

LA INCERTIDUMBRE ES DONDE SUCEDEN LAS COSAS NUEVAS.

CAPÍTULO 5

Eres un adicto.

Estás fuera de control y dependes por completo de la droga de tu elección. Ni siquiera te das cuenta de cómo afecta tu vida. Tienes un antojo insaciable, un antojo por predecirlo todo.

¿Lloverá mañana? ¿Cómo irán a mis finanzas? ¿Quién ganará el Super Bowl? Constantemente tratas de ver el futuro, de saber qué va a pasar antes de que pase.

¿Por qué?

Certidumbre. Buscamos la certidumbre y evitamos la incertidumbre. Queremos saber qué esperar, a dónde ir y cómo vestirnos. Queremos estar preparados. Queremos estar seguros. Pero va más allá de querer, más bien es una adicción. Juzgamos a las personas antes de conocerlas, predecimos su carácter en segundos. Compramos bienes y marcas de renombre a las que estamos acostumbrados, aunque haya muchas alternativas. Tomamos suplementos y vitaminas para prevenir una enfermedad que aún no tenemos, salimos con personas durante meses, a veces años, para *asegurarnos* de que la relación salga tal y como lo predecimos. ¡Certidumbre, certidumbre y certidumbre!

Todos conocemos las calcomanías en los coches y los memes que elogian a los arriesgados y nos inspiran a abrazar la incertidumbre. También sabemos que nuestra apertura a tomar riesgos está directamente relacionada con la suerte y las posibilidades, pero aun así decidimos quedarnos dentro de nuestro pequeño y organizado mundo lleno de certezas.

Y hay una razón. Hasta hace poco el mundo era un lugar tenebroso para gente como tú y yo. Cada paso a la incertidumbre era como bailar con la muerte. La vida era un juego de ruleta rusa. Literalmente, todos los días tú y todos los demás habitantes de la Tierra podían convertirse en la cena de una variedad de bestias y criaturas, o podías estar entre los pobres perdedores que caminaban directamente hacia el extraño humor de la madre naturaleza.

Afortunadamente para nosotros, el mundo ya no es un lugar tan tenebroso como lo era hace miles de años, aunque a decir verdad tampoco es una zona de seguridad utópica. La vida se ha convertido en algo más seguro, demasiado seguro, de hecho. La medicina y la tecnología mejoran día tras día, los crímenes violentos (aunque siempre presentes en ciertos medios de noticias) se han convertido en algo menos frecuente en la vida de un ciudadano promedio que habita un país occidental.

Claro, sigue habiendo enfermedades mortales y la amenaza latente de actos de violencia inesperados o de una catástrofe ambiental, pero las probabilidades de que te infectes con un virus zombi o que un tornado te arrastre a una tierra hollywoodense como a Dorothy y a Toto son, me alegra decirlo, muy bajas.

Aquí hay más noticias que quizá puedan parecerte descon-
certantes: es muy probable que no mueras de camino al súper,
que tu jefe no te mate si pides un aumento y, aunque no lo
creas, si invitas a salir a esa chica o chico que tanto te gusta, las
posibilidades de que en ese momento se te caigan los panta-
lones y expongas tus bóxers de Bob Esponja son muy bajas,
nadie se va a reír de ti y a señalarte mientras intentas escapar
de un Starbucks.

En otras palabras, nuestra aversión al riesgo, que alguna vez
fue necesaria para sobrevivir, ya no lo es. Esos mismos instintos
que nos mantenían con vida hace miles de años ahora nos im-
piden disfrutar de una vida plena.

UN PARADIGMA DE POTENCIAL

Nuestra obsesión con la certidumbre puede ser trágica y con-
traproducente por dos razones: en primer lugar, la incertidumbre
es el lugar donde suceden las cosas nuevas. La incertidumbre es
tu camino personal hacia la oportunidad; es el medio ambiente
donde creces, experimentas cosas nuevas y produces nuevos
resultados. La incertidumbre es donde lo *nuevo* sucede.

*«El deseo de seguridad está
en contra de cualquier iniciativa
noble y grandiosa».*

—*TÁCITO*

Cuando te quedas con lo que te sientes cómodo, haciendo lo mismo que siempre has hecho, vives en el pasado, no estás caminando hacia delante. Repites cosas y comportamientos que alguna vez fueron un riesgo en tu vida, porque no sabías a dónde te llevarían, pero ya se han convertido en una rutina.

Piénsalo: ¿cómo puedes conocer nuevos lugares si nunca sales de casa? ¿Cómo puedes hacer amigos e iniciar un nuevo romance si no conoces gente nueva? ¿Cómo puedes hacer cosas nuevas si siempre haces lo mismo?

No puedes. La verdad es que no puedes predecir lo que harán las personas que conoces y mucho menos lo que harán las que ni siquiera conoces. Así sea en la fila del súper, en un antro o en el banco, las situaciones sociales están inevitablemente llenas de incertidumbre. ¡Vaya, la mitad del tiempo no puedes ni siquiera predecir tus propios pensamientos o emociones! Piensa en todas las veces que has juzgado algo sólo para después cambiar de parecer.

¿Cómo puedes conseguir un aumento si no tomas el riesgo de pedirlo? ¿Cómo puedes seguir creciendo profesionalmente si siempre te aferras a la certidumbre y al confort? No lo lograrás. El éxito nunca es una certidumbre, nunca llega sin riesgo. Aunque seas la persona más inteligente o trabajadora del mundo, no hay garantía de nada.

La gente que hace grandes cosas sabe esto muy bien y también lo acepta.

«En cualquier momento de decisión, lo mejor que puedes hacer es lo correcto. Lo segundo mejor es tomar la decisión equivocada. Lo peor que puedes hacer es nada».

—*THEODORE ROOSEVELT*

Reflexiona durante un minuto lo que dijo Teddy Roosevelt. Fallar el tiro no es lo peor que puedes hacer, lo peor que puedes hacer es no disparar. Tal vez veas a la gente exitosa y creas que desde un principio tuvieron todo planeado. La mayoría de ellos aparentan estar llenos de confianza, carisma o talento, y hacen parecer que todo es sumamente fácil. Sin duda parecen tener algo que tú no, pero créeme: su viaje a la cima no fue fácil ni certera. La mayoría de ellos dudaron de sí mismos casi todos los días, incluso hasta cientos de veces al día. Así es, ellos también se sentaron ahí, así como estás tú, preguntándose cómo lo lograrían, si su esfuerzo valía la pena o si tenían lo necesario para seguir adelante. Había días en los que dudaban de lo que hacían, en los que pensaban: «Esto nunca va a funcionar». Muchos de ellos se encontraron a punto de rendirse más de una vez en su camino al éxito. Alcanzaron el éxito no porque tuvieran la certeza de que fueran a lograrlo; lo obtuvieron porque no dejaron que la incertidumbre los limitara. Lo hicieron de todas maneras. Ignoraron las dudas y siguieron adelante. Fueron insaciables cuando lo único que los motivaba era esa misma ambición.

Piensa en todas las personas que han logrado algo grandioso sólo para caer en la oscuridad poco después. Seguramente puedes pensar en varios, ya sean artistas, empresarios o atletas. A lo largo de mi carrera he entrenado a muchas personas «exitosas» que llegaron a mí porque sus vidas se habían vuelto monótonas y, por ende, no encontraban inspiración y se sentían desinteresadas. ¿Qué fue lo que pasó? La gran mayoría de ellos habían caído en la comodidad. Durante años habían salido de sus zonas de confort para conseguir lo que querían, pero, en cuanto decidieron que preferían la certeza sobre la incertidumbre, dejaron de lograr cosas nuevas. Chocaron con una pared.

¿Por qué pasa esto? Porque cuando has logrado una de tus metas, cuando eres rico y exitoso, el futuro *parece*, naturalmente, un poco más seguro. Creo que todos nos sentiríamos mucho más seguros con un millón de dólares en el banco.

Pero esa forma de pensar es exactamente lo que crea las condiciones perfectas para nuestra caída. Cuando dejamos de sentir incertidumbre sobre el dinero, el deseo o la necesidad que perseguimos disminuye. Cuando dejamos de sentir incertidumbre sobre el éxito, nuestra ambición puede suavizarse o aplanarse. Nos ponemos cómodos en nuestra inflada ilusión de certidumbre. Tarde o temprano llegamos a eso que la gente llama «establecerse». Nos conformamos con la certidumbre.

Esa es la clase de poder que tiene la incertidumbre en nuestras vidas. Puede ayudarnos o ponernos el pie. Puede volvernos millonarios o pobres. Puede ser la llave al éxito o llevarnos en una dirección opuesta. Para la mayoría de las personas, termina siendo ambas cosas.

PERSIGUIENDO
LO QUE NO EXISTE

Lo divertido es que sin importar cuánto persigas la certidumbre, nunca podrás abrazarla o quedarte con ella, porque no existe. El universo siempre nos enviará pequeños recordatorios de su poder y caos, y nadie está exento de su voluntad. Nada es seguro. Podrías irte a dormir hoy y nunca despertar. Podrías subirte a tu coche y no llegar al trabajo. La certidumbre es una ilusión. Es como el vudú.

Algunos de ustedes encontrarán esto terrible y tal vez no quieran ni pensarlo, pero es verdad. Sin importar cuánto lo intentes, nunca podrás predecir lo que la vida tiene preparado para ti. Nuestros planes fallarán tarde o temprano.

Al huir de la incertidumbre en busca de certeza, realmente estamos rechazando lo único que está garantizado en la vida por algo que no es más que una fantasía.

«Lo único que sé», dijo Sócrates alguna vez, «es que no sé nada». La mayoría de las personas sabias entienden esto; de hecho, su sabiduría proviene de darse cuenta de que en realidad no saben ni una maldita cosa. Cuando creemos saberlo todo, sin querer nos alejamos de lo desconocido y, como ya sabes, de nuevos mundos de éxito. Las personas que aceptan lo impredecible e incierta que puede ser la vida no tienen otra opción más que aceptarla. No tienen miedo de la incertidumbre, pues saben que sólo es una parte de la misma vida. No buscan la certeza porque saben que no existe. También son el tipo de persona que siempre está alerta y abierta a la magia verdadera, a los milagros de la vida y a todo lo que pueden lograr.

Uno de los pilares de la filosofía es el estudio de cómo sabemos lo que sabemos. ¿Cómo podemos comprobar que lo que creemos es verdad? En la mayoría de los casos no es posible. En realidad, muchas de las cosas que damos por sentado, no lo son; son verdades a medias. Suposiciones. Malas interpretaciones. Adivinaciones. Están basadas en prejuicios cognitivos, mala información o condicionamiento. Piensa en la ciencia, por ejemplo: lo que creíamos hace cinco, diez o veinte años ha sido refutado. Hemos dado pasos agigantados en cuanto a la comprensión y al entendimiento, y seguimos dando esos pasos día tras día. Lo que sabemos hoy en un futuro será visto como algo arcaico u obsoleto. Considera esos mismos límites de entendimiento en todas las áreas de tu vida.

Si no podemos estar seguros de lo que sabemos hoy, ¿cómo podemos estar seguros de lo que pasará mañana?

Quizá ya te diste cuenta de que, cuando tratas de quedarte en una zona de confort, realmente nunca te sientes cómodo. Siempre tienes una sensación de que podrías hacer más. Siempre tendrás el deseo de una vida mejor que la que tienes ahora.

Mientras más cómodo te sientas hoy, más incómodo te sentirás mañana. En realidad no hay un destino, sólo explorar, explorar y explorar. Siempre debemos ir más lejos.

SI QUIERES GANAR TIENES QUE ESTAR DISPUESTO A SER JUZGADO POR OTROS.

DA UN PASO ADELANTE
Y SÉ JUZGADO

Como muchas otras cosas en tu vida, parte de la aversión que le tienes a la incertidumbre viene del miedo a ser juzgado por los demás. Tememos, de una manera muy real, a lo que la tribu pueda pensar de nosotros y cómo podrían exiliarnos hacia un mundo salvaje, misterioso y lleno de incertidumbre.

Si nos ponemos en situaciones incómodas, tal vez nos veremos torpes. La gente pensará que somos *raros*. Si nos llevamos hasta el límite y tratamos de conseguir nuevas y mejores cosas, quizá fallaremos y la gente nos verá como *perdedores*.

> *«Si quieres mejorar, atrévete a que te vean como alguien tonto y estúpido».*
>
> *—EPICTETO*

Nunca vas a alcanzar tu potencial si te limitas a lo que los demás piensan de ti. De hecho, podrías cambiar tu vida de la noche a la maña si dejas de darle importancia a esto. La vida seguirá, con o sin las opiniones de otros. Eso no quiere decir que debas convertirte en un sociópata desquiciado y olvidarte por completo de lo que los demás dicen, pero si quieres ganar tienes que estar dispuesto a que otros te juzguen y que eso no te moleste. Si quieres hacer algo verdaderamente grandioso, tendrás que aceptar que algunas personas creerán que estás loco, que eres un idiota o un engreído.

Las personas que evitan la incertidumbre no hacen eso. Tienen demasiado miedo a ser juzgados, a verse como unos tontos o estúpidos. Se quedan paralizados, con un pie clavado al suelo por una ilusión.

ACEPTA LA INCERTIDUMBRE

Esto puede dejar a más de uno en estado de *shock*, quizás hasta te estás moviendo incómodamente en tu silla. Es porque rechazas y evitas la incertidumbre. Le tienes miedo, intentas tomar el control de las cosas que no puedes controlar o entender. Vives en el país de las maravillas donde todos nacemos, pero del que pocos logran escapar.

La buena noticia es que no tiene por qué ser así.

Por eso quiero que cambies tu forma de pensar. Quiero que aceptes la incertidumbre. Esa es tu siguiente afirmación: «acepto la incertidumbre».

Vela cara a cara. Celébrala. Disfrútala.

Recuerda, todos los éxitos, todas las experiencias y todas las cosas que siempre has querido están esperándote en la incertidumbre. Cuando aceptes esto, verás que no es tan aterrador como creías. Claro, es posible que aún estés nervioso sobre lo que pasará, pero también estarás emocionado y esperanzado por lo que está por llegar.

Mientras lo desconocido puede traer muchas cosas malas, también tiene todo lo bueno. Está lleno de oportunidades y progreso.

Te reto a que cuando salgas hoy tomes al toro por los cuernos y aceptes la incertidumbre. Haz cosas que normalmente no harías. Cambia tu rutina diaria. Atrévete a soñar, a arriesgarlo todo y a revivir tu vida.

Empieza con cosas pequeñas como tomar un camino diferente al trabajo; en vez de llevar tu comida o comer en el mismo lugar de siempre, atrévete a probar algo nuevo. Platica con el mesero o cajero. Sonríe y saluda a la gente que pasa a tu lado en la calle o cédeles el paso. Habla con el chico o chica que te llamó la atención. O tal vez eres una persona extrovertida que ya hace todo eso. ¿Qué son las cosas que te incomodan? ¿Qué te gusta hacer, pero tratas de evitar por la incertidumbre que conlleva?

Hazlo. Empieza ahora. No hay mejor momento que el ahora. Ejercita ese músculo que necesitas para aceptar la incertidumbre. Alcanza la gloria sin limitarte por tus propias opiniones o miedos.

No te detengas ahí: en vez de expandir tus zonas de confort, asegúrate de romper las barreras. Trata de actuar como nunca lo habías hecho. Haz algo totalmente diferente a tu rutina; ese sería un gran primer paso. ¡Acepta la incertidumbre y da un gran paso hacia el futuro que quieres!

CAZA LAS OPORTUNIDADES

Aceptar la incertidumbre tiene el poder de transformar tu vida, desde tus relaciones personales hasta tu carrera profesional. Puede ayudarte a ponerte en forma, a ganar más dinero o a encontrar a tu futura esposa o esposo.

Dejarás de esconderte de la vida y empezarás a vivirla, a hacerla tu aliada y a sentirte vigorizado por ella.

Cuando dejes de buscar la certeza, cuando dejes de tratar de encontrar el sentido de todo, gran parte de tu estrés se evaporará. No hay nada más que descubrir. Si te tomaste el tiempo para leer lo que escribí, seguramente ya te diste cuenta de que la mayoría de nuestras preocupaciones surge al intentar predecir el futuro y después nos rehusamos a aceptar las cosas como son cuando no salen según nuestros planes.

La vida es una aventura. Está llena de oportunidades, pero depende de ti aceptar esas oportunidades por completo, tal y como son: llenas de magia, vida y energía.

Enfócate en aquello que puedes controlar y olvídate de lo que no, como el clima, el Dow Jones o lo que tu vecino pueda pensar de tu nuevo corte de cabello.

«Acepto la incertidumbre». Esta sencilla frase puede cambiar radicalmente la forma en que vives de un momento a otro a otro. Lo único que está garantizado es que la vida es incierta. Lo único que sabemos es que no sabemos nada.

Vamos, dilo, convéncete: «acepto la incertidumbre».

06

«NO SOY LO QUE PIENSO, SOY LO QUE HAGO»

NO TE DEFINES
POR LO QUE ESTÁ
EN TU CABEZA.
ERES LO QUE HACES,
TUS ACCIONES.

CAPÍTULO 6

«Cambia tus pensamientos, cambia tu vida».

Estaba perdiendo el tiempo en Facebook hace poco cuando me encontré con esta joya. Tenía más *likes* que Justin Bieber y miles y miles de comentarios.

Mientras estaba ahí sentado, con mi saco color carmesí y mi pañuelo mostaza, me pregunté sobre su peso filosófico al mismo tiempo que tomaba mi té de menta con leche (está bien, usaba una playera vieja de AC/DC, pants y bebía café, pero entienden el punto, ¿no?). Después de un momento, pensé: «Qué pedazo de mierda tan grande».

Imagínate esto: estás en el trabajo y tienes algo que hacer, pero tratas de evitarlo por completo, porque hoy no estás *inspirado*. Volteas a ver el reloj, son las 10:34 de la mañana. Bueno, al menos no falta mucho para la hora de la comida. «Mmm, ¿qué comeré hoy? Es cierto, he querido probar el nuevo lugar que abrió al final de la calle. Mi compañero dijo que estaba muy bueno, aunque tal vez debería apegarme a mi presupuesto...». De repente regresas a la realidad y te percatas de que estás viendo fijamente el cursor que parpadea en la pantalla. «Carajo, soy pésimo para hacer esto. No me siento motivado, necesito un poco de energía». Antes de darte cuenta, ya abriste una de tus páginas favoritas para perder el tiempo: «¡Guau! ¡¿Zapatos voladores?! ¡Necesito un par!».

Regresas a la realidad y revisas tu correo. Tienes un mensaje de tu banco. «Tengo muchísimas deudas, nunca voy a lograr pagarlas todas. Creo que no me compraré los zapatos y tampoco saldré a comer». Te llega una notificación del sitio de citas al que te inscribiste. «Nunca voy a encontrar a alguien, mi vida amorosa es un desastre. Tal vez las relaciones y yo simplemente no estamos hechos el uno para el otro». Alguien pasa caminando frente a tu cubículo. Desesperadamente cliqueas el ratón y presionas teclas al azar, tratando de fingir que estás ocupado. «Fiuf, ¡eso estuvo cerca!». Ves el reloj de nuevo: 11:13, otra media hora perdida. «Debería de ponerme a trabajar… después de…».

¿Algo de esto te resulta conocido? Tal vez no trabajes en una oficina, pero de todas maneras puedes relacionarte con esa sensación de angustia que te golpea cada vez que te enfrentas a algo que habías estado evitando. Como si prefirieras hacer cualquier cosa, menos lo que tienes enfrente. Esa lista de pendientes «por hacer» rápidamente se convierte en una lista de pendientes «que no quieres hacer».

Incluso si estás casado o en una relación, podrías identificarte con ese sentimiento de repugnancia: cuando tus pensamientos sobre tu situación se vuelven más debilitantes y tediosos que cualquier otra cosa; cuando te distraes tanto de lo que se supone debe ser tu relación, tan enredado en los debería y no debería, podría y no podría, o en quién tiene la razón, y te preguntas por qué sigues en esa relación.

La verdad es que todos hacemos esto ocasionalmente. Hasta las personas más exitosas, motivadas y sabias tienen este tipo de pensamientos. Entonces, ¿qué nos separa a ti y a mí de esas personas exitosas? Que ellos entienden (consciente o inconscientemente) una simple cosa: lo que piensan y lo que hacen no siempre debe estar alineado.

NO ERES TUS PENSAMIENTOS

No te defines por lo que está en tu cabeza. Eres lo que haces, tus acciones.

«Los grandes pensamientos le hablan sólo a la mente reflexiva, pero las grandes acciones le hablan a toda la humanidad».

—THEODORE ROOSEVELT

La mayoría de nosotros permite que nuestro interior dicte lo que hacemos, pero las personas verdaderamente exitosas llegan a serlo porque aprendieron a experimentar esos sentimientos y hacerse a un lado para no actuar sobre ellos.

No es que nunca se cuestionen, no tengan el deseo de procrastinar o no quieran evitar una situación en particular. No es que siempre crean que hacen lo que *deberían* hacer. Simplemente se enfocan y lo hacen. A pesar de todo, actúan.

Sería fantástico si pudiéramos decidir nunca tener pensamientos negativos, pero la realidad es que esa meta no es realista. Lo sé, lo sé. Mis amigos optimistas deben estarse volviendo locos, pero aquí hay algo que incluso ellos deberían considerar: ¿alguna vez te has preguntado cómo descubriste el optimismo como solución a tu vida? ¿Te has fijado cómo actúas cuando estás rodeado de personas o situaciones negativas? Así es: hasta a ti logra jalarte la negatividad, sin importar cuánto o cómo trates de evitarla.

La verdad es que es difícil opinar y mucho menos tener control sobre lo que piensas, sobre todo porque, como ya dijimos en este libro, ni siquiera estamos conscientes de la mayoría de las cosas que pensamos.

Tenemos la misma cantidad de pensamientos sinsentido o irrelevantes como de pensamientos importantes; además, están los pensamientos automáticos que aparecen en tu mente de vez en cuando. Pensamientos de que no eres digno, de que te están juzgando, de que no perteneces o de que no eres competente. ¡Todo esto pasa mientras vas al trabajo, pagas tus deudas, vas al súper o hasta mientras manejas!

Muchas de las cosas que enseño a mis clientes involucran cambiar cómo ven y piensan acerca de la vida. Pero esas son soluciones a largo plazo. Mi meta final es que modifiques tu subconsciente y eso, queridos, es como intentar dar vuelta en u con un tráiler: va a tomar tiempo y paciencia. No importa cuánto lo intentes, habrá veces que tendrás pensamientos negativos. Quizá más seguido de lo que te gustaría. Quizá todos los días. Quizá cientos de veces al día. Habrá días en los que no quieras salir de la cama, en los que no quieras ir a trabajar, en los que no quieras hacerte cargo de tus responsabilidades. Pero lo harás. Piénsalo: todos los días haces algo que no *quieres* hacer. Eso significa que ya tienes un músculo desarrollado con el que actúas sin importar lo que pienses.

Como constantemente digo a mis clientes, no tienes que sentir que hoy será tu día; sólo tienes que actuar como si lo fuera. Claro que siempre ayuda tener el ánimo o el pensamiento necesario para lograrlo, pero, si esperas a que mejore tu ánimo, tal vez nunca empieces.

A lo largo de mi carrera he platicado, literalmente hablando, con miles de personas que pasan su vida entera esperando a sentirse o pensar diferente. Y aunque la inspiración o la motivación pueden llegar de vez en cuando, son amigos caprichosos y no puedes confiar en que lleguen justo en el momento que los necesitas.

«Nos volvemos justos realizando actos de justicia; templados, realizando actos de templanza; valientes, realizando actos de valentía».

—ARISTÓTELES

Cambias tu vida haciendo, no pensando en lo que harás. De hecho, cuando empiezas a dar los primeros pasos hacia las acciones que deberías estar haciendo, algo mágico empieza a ser evidente.

NO TIENES QUE SENTIR QUE HOY SERÁ TU DÍA, SÓLO TIENES QUE ACTUAR COMO SI LO FUERA.

Los pensamientos sin acciones son sólo eso, pensamientos. Tus pensamientos negativos sobre ti mismo, sobre los demás o sobre las circunstancias empezarán a dejar de tener poder sobre tu éxito siempre y cuando los dejes donde están.

HACER CAMBIA
TU FORMA DE PENSAR

Los beneficios de hacer son dobles: hacer logra que hagas lo que debes hacer, por supuesto; pero también es, irónicamente, la forma más rápida de cambiar tus pensamientos.

Hay un par de razones por las cuales sucede esto. Sabemos que los pensamientos pueden convertirse en tu realidad y cuando tu realidad implica actuar sobre lo que es mejor para ti, tus pensamientos automáticamente cambiarán para reflejar eso. Piénsalo bien: tus pensamientos (y las emociones que los acompañan) no siempre están alineados con lo que es mejor para tu vida, para tu salud, para tu economía o para tu potencial. Muchas veces esos pensamientos y emociones nos alejan de nuestro potencial. Cosas como la duda, el miedo, la procrastinación o la frustración son las que mandan sobre tu día en vez de la actitud positiva que necesitas para que tu vida siga adelante.

Si siempre haces tus tareas sin dudarlo, ¿qué pensarás la próxima vez que tengas algo importante que hacer? Tus pensamientos empezarán a volverse intuitivos y con el paso del tiempo empezarás a actuar a pesar de tus pensamientos negativos una y otra y otra vez. ¿Vas a pensar en ti y lo que te hace falta o vas a actuar sobre las acciones que se te presentan en ese preciso momento?

¿Te has dado cuenta de que cuando te sumerges en algo, todos tus problemas o pensamientos negativos parecen desaparecer? Cuando estás cognitiva y verdaderamente ocupado en una tarea o proyecto, esas voces internas comienzan a desaparecer. Los golfistas, jugadores de tenis, quienes meditan, quienes tejen, músicos, artistas y corredores saben exactamente de lo que estamos hablando. Los atletas llaman a esto *estar en la zona*. ¡Y la buena noticia es que tú también puedes entrar en ella!

Cuando enfocas tu atención en lo que estás haciendo, tu conciencia finalmente entenderá que debe hacer lo mismo. Cada vez que lo haces, mejoras tu autoestima y confías más en ti mismo. Todo eso impacta a largo plazo tu manera de pensar.

Ahora, ¿cuál es la siguiente forma en que nuestras acciones influyen en nuestros pensamientos?

¿Recuerdas cuando dije que tus pensamientos pueden convertirse en tu realidad? Es verdad. Si bien tus pensamientos pueden ser tu realidad, es sólo a través de tus acciones que tus pensamientos *realmente se convierten* en una realidad. Hasta ese entonces, sólo habían sido pensamientos.

A veces nuestra mente es como un espejo de feria: distorsiona, nubla y contorsiona nuestra vida y nuestro potencial. Nuestras mentes suelen tener una percepción irreal del mundo, con indicios de interpretación, malentendidos, comportamientos automáticos, opiniones y programación cultural y familiar. Todo ello es como un diseño gigantesco sobre una hoja de papel; si tratamos de trazarlo para hacer que embone con nuestra realidad, la vamos a pasar mal.

La diferencia entre cómo es la vida y cómo *pensamos* que es suele ser bastante amplia, como un hoyo negro en el que trabajamos en vano.

Creemos que las cosas son mejores o peores, más difíciles o fáciles de lo que realmente son y todo gracias a esa cacofonía de ruido y juicios que escuchamos a lo lejos.

Piensa en esto: arruinaste algo importante; de inmediato, pensamientos como «soy un tonto» y «siempre echo todo a perder» aparecen en tu mente. Esto significa que tu reacción ante una situación está desalineada con respecto a tu realidad, igual que cuando haces un berrinche (sí, un berrinche) por lo «imposible» que es hacer lo que tienes que hacer. ¡Tu cerebro seguirá ese tren de pensamiento hasta meterse a la madriguera del conejo!

Afortunadamente, al aceptar que tus pensamientos son sólo una parte muy pequeña de la realidad y poner manos a la obra, te darás cuenta de qué tan equivocado estabas.

Este método es parecido al que usan algunos psiquiatras con sus pacientes. Y lo usan porque funciona. Al desafiar a nuestros pensamientos con acciones y exponiéndonos a situaciones que normalmente evitaríamos, entrenamos a nuestro cerebro para ver el mundo de una manera más cognitiva. ¡Nos acostumbramos a vivir la vida *como es* en lugar de como pensamos que es!

La próxima vez que sientas o experimentes algún tipo de pensamiento negativo o debilitante que amenace con desempoderarte, actúa de inmediato. Haz un esfuerzo alejado de lo que dicta ese pensamiento. Actúa específicamente de una forma que cumpla con tus intereses, en vez de hacerlo en la forma automática con que piensas o sientes. Cada vez será mejor que la anterior, pronto tu mente despertará y dirá: «Oye, puedo hacer esto. ¡Estoy aprendiendo!».

LAS ACCIONES ACEITAN LA RUEDA DE LA VIDA

«La inactividad alimenta la duda y el miedo. La acción alimenta la confianza y el coraje. Si quieres vencer el miedo, no te quedes en casa pensando en ello. Sal y ponte a trabajar».

—*DALE CARNEGIE*

Me gusta lo que Dale propone aquí. Cuando elegimos actuar en vez de quedarnos sentados, cuando actuamos más allá de los pensamientos automáticos, algo interesante sucede: empezamos a olvidar las cosas que nos molestan.

Diciéndolo con otras palabras, ¡cuando actuamos no tenemos tiempo para nada más! Es difícil concentrarte en tus preocupaciones internas y quejas cuando estás ocupado trabajando. Necesitas un poco de inercia, cuando empieces a rodar, verás que es más fácil seguir avanzando. El camino que se veía largo y empinado ahora se ve borroso de lo rápido que lo recorres. Pero tienes que insertar la llave, darle vuelta y meter primera; el coche no va a arrancar por sí solo y tampoco te va a esperar pacientemente a que te subas.

Cuando lo piensas, eso es prácticamente lo que hacemos la mayoría de nosotros. Creemos que una actitud más productiva será el chofer de nuestras vidas, que una actitud confiada hará que todo sea más fácil o accesible; pero, si queremos llegar a algún lado, tenemos que tomar el volante y manejar por nuestra cuenta. Debes ponerte el cinturón de seguridad y pisar el acelerador, estés listo o no.

Hoy quiero que intentes algo diferente de lo que normalmente haces. Quiero que actúes de una manera que sea totalmente distinta a tus típicos pensamientos negativos y poco productivos. Actúa de inmediato y según lo que necesite aquello que tienes enfrente. ¡Al diablo con lo que sientas, ACTÚA!

No esperes a que te llegue la inspiración. No te quedes sentado esperando a que ese sentimiento mágico llegue y haga el trabajo por ti. Sólo actúa. Haz a un lado tus pensamientos y muévete.

No se trata de motivarte ni de que alinees todo a la perfección. Actúa. Hazlo.

No en un minuto, no cuando se acabe el programa que estás viendo. Ahora.

Por supuesto que tu mente siempre tratará de pensar de manera racional en vez de actuar. Te recordará todas las cosas que deberías estar haciendo. Evocará todo el estrés y las dudas que hayas tenido recientemente. Pero no actúes con tus pensamientos; actúa con lo que tienes frente a ti.

Cambia tu vida con acciones, esa es la única forma de hacerlo.

¿Todavía necesitas un poco más de motivación? Piensa en la gente más grandiosa que conozcas, personalmente o por su fama. ¿Recuerdas sus pensamientos o sus acciones?

¿Crees que Gandhi, Rosa Parks o Abraham Lincoln nunca tuvieron dudas, miedos o incertidumbre? ¿Qué me dices de Nikola Tesla o de Steve Jobs? ¿En serio crees que esas personas se levantaron cada mañana con el mejor de los ánimos pensando en que todo sería de color rosa? ¡CLARO QUE NO! La misma mierda que te molesta a ti los molestó a ellos, pero PREFIRIERON actuar. Hicieron a un lado todo lo que se puso frente a ellos y siguieron su camino hacia lo desconocido. No fue un logro pasivo, su éxito no llegó de manera milagrosa para que todos pudiéramos disfrutar de él. Si nunca hubieran entrado en acción, ni siquiera hubiéramos conocido sus pasiones y mucho menos hubiéramos sido testigos de su grandeza y sabiduría. Trabajaron incansablemente, dudaron y pasaron noches sin dormir; se preocuparon, pelearon y batallaron hasta que su vida y su trabajo por fin se alinearon.

Es decir, seguramente puedes pensar en muchas personas, del pasado y presente, con «buenos pensamientos», pero que nunca llegaron a nada; en eso nos convertimos cuando nos preocupa más lo que pensamos que lo que hacemos.

Por otro lado, sin duda también puedes pensar en muchas personas con pensamientos negativos que han logrado ser exitosas. Todos los músicos legendarios con problemas de drogadicción, los atletas con problemas de ira, las modelos con cuerpos tan delgados que no son sanos o los millonarios con mentalidades de escasez. Podríamos seguir y seguir, pero el punto es que los pensamientos positivos pueden predecir el éxito y los pensamientos negativos no predicen el fracaso. Todas esas personas en las que acabas de pensar actuaron más allá de su condición interna y tú también puedes hacerlo.

Se trata de actuar. De exponerte, de hacer y recibir la mierda negativa que te acompañará durante tu viaje. No se va a poner mejor, más fácil o más comprensible. Así es la vida. La vida es ahora y nunca tendrás un mejor momento que este.

¿No sabes por dónde empezar? Bien, eso es lo primero que debes hacer. Descúbrelo, entiéndelo. Busca en internet, lee libros, haz preguntas, toma clases, pide consejos, haz lo que tengas que hacer para dejar de chingarte y empezar a vivir tu vida.

Levántate y da el primer paso.

«La acción no siempre traerá felicidad, pero no hay felicidad sin acción».

—BEJAMIN DISRAELI

SEPARA TUS PENSAMIENTOS DE QUIEN ERES

«No soy mis pensamientos, soy lo que hago».

Esa es tu nueva afirmación personal, la frase que engloba todo. Anda, inténtalo. «No soy mis pensamientos, soy lo que hago».

No eres tus pensamientos. Ellos son sólo un montón de cosas aleatorias que corren por tu cabeza y de las que no tienes control. A todos nos gustaría tener pensamientos mejores y más positivos, pero quedarte ahí sentado no va a hacer que eso suceda.

Cuando llevamos nuestras mentes y cuerpos al límite, cuando experimentamos y enfrentamos nuestros miedos, cuando tenemos éxito e incluso cuando fracasamos, es precisamente cuando cambiamos quienes somos.

Podrías ser la persona más inteligente del mundo, pero eso no sirve de nada si no entras en acción.

Recuerda eso la próxima vez que «no estés motivado», cuando no tengas ganas de ir a trabajar o de dar un paso importante en tu vida, cuando empieces a dudar tanto de ti que no quieras arrancar.

Olvídate de todo y da ese primer paso, y después el siguiente y el siguiente y el siguiente.

No eres tus pensamientos. Actúa. Eres lo que haces.

07

«SOY IMPLACABLE»

"

NUESTROS MÁS
GRANDES TRIUNFOS
SURGEN DE LA
INCOMODIDAD,
LA INCERTIDUMBRE
Y EL RIESGO.

CAPÍTULO 7

Recuerda algunos de los grandes triunfos de tu vida.

Quizá fue una gran venta que hiciste, el inicio de un nuevo negocio, la compra de una nueva casa. Tal vez te casaste con el amor de tu vida, regresaste a la escuela o terminaste un maratón. Puede ser cualquier cosa de la que verdaderamente te sientas orgulloso.

¿Cómo carajos lo lograste?

Bueno, lo más probable es que no estuvieras tirado en el sillón rascándote el ombligo; tampoco estabas enredado en la monotonía de tu existencia diaria o haciendo cálculos mentales sobre el incremento del precio de la leche desde 1977.

¿Entonces cómo fue?

Tal vez no logre adivinar exactamente qué estabas haciendo, pero puedo estar seguro de algo: estabas incómodo. O pensémoslo de otra manera, es muy probable que estuvieras haciendo las cosas fuera de tu «zona de confort».

Desde los nervios y las dudas que sentimos cuando tomamos riesgos en nuestras carreras, hasta el dolor muscular y la falta de aliento cuando corremos cinco minutos más en la caminadora, nuestros grandes triunfos surgen de la incomodidad, la incertidumbre y el riesgo.

> *«No vale la pena hacer o tener nada en el mundo a menos que involucre esfuerzo, dolor y dificultades».*
>
> *—THEODORE ROOSEVELT*

De hecho, mientras más incomodidad sientas, mayor será la dificultad, pero más grande será la sensación de plenitud que vendrá después. Y esa es exactamente la razón por la cual los grandes éxitos y los logros extraordinarios son tan raros, porque a la mayoría de las personas no les gusta sentirse incómodas.

SÉ IMPLACABLE

Cada vez que trabajas para lograr algo, vas contracorriente. A veces, las opiniones de las personas que te rodean logran jalarte y empujarte lejos de tu destino. Dirán que no puedes hacerlo, que estás cometiendo un error, que es imposible, que fallarás. Mientras más único y original sea tu esfuerzo, más fuerte será el empujón que querrán darte. ¿Por qué? Bueno, principalmente porque las otras personas de tu vida se han acostumbrado a relacionarte con cierto *tipo* de persona. Entonces, cada vez que intentes romper ese molde no sólo estarás poniendo de cabeza tu mundo, también el de ellos.

Y la resistencia no sólo vendrá de otras personas; también estará en tu mente. Tanto tus pensamientos conscientes como los subconscientes pueden intentar de golpe detener tus sueños. Puede ser con una rotunda negación: «Eso es imposible. ¿Por qué lo intentaría?». O también puede ser algo más sutil: «¿No sería mejor dormir un ratito más en lugar de resolver desde temprano los pendientes de la oficina?». «Ese juego en tu teléfono es mucho más divertido que ponerte a trabajar».

Seguro podrás superar esas distracciones y objeciones, como lo discutimos en el capítulo anterior. Pero llega un punto en tu camino en el que perderás la noción de dónde te encuentras. Te dejarás llevar por la monotonía y de pronto estarás caminando sin rumbo fijo en medio de la maldita selva y sólo te quedará deambular sin mapa, sin agua y sin pista alguna de a dónde ir.

¿Estás yendo en la dirección correcta? ¿Cuánto tiempo falta para que llegues ahí? ¿Cuánto más estás dispuesto a aguantar? Quizás es por allá. No, espera, tal vez por allá.

Y cuando inevitablemente tropiezas o enfrentas un obstáculo, comienzas a cuestionarte por todo el camino recorrido; quizás es tiempo de dar vuelta y regresar.

En ese punto, donde no sabes si estás arriba o abajo, qué tan lejos tienes que caminar para llegar o para regresar, sólo hay una cosa que puede mantenerte caminando: tu capacidad de ser implacable. Así llega el momento en que decides seguir moviéndote y moviéndote y moviéndote, sin importar lo que suceda.

Aquí está la clave: la verdadera capacidad de ser implacable surge cuando es lo único que te queda por intentar. Si todo lo demás parece estar perdido y toda esperanza e ilusión de éxito han desaparecido, ser implacable es el combustible que te hace seguir adelante.

SÓLO ES VERDAD SI TÚ ESTÁS DE ACUERDO

La gente más exitosa que conocemos llegó a donde está el día de hoy porque venció los obstáculos. Pero eso es más fácil decirlo que hacerlo. Una cosa es decir: «Nunca te rindas» (¡carajo!, detesto las frases motivacionales), y otra es volverte implacable en la mayoría de las situaciones que se te presenten en la vida.

Escucha: al fin y al cabo, el mundo no te impide triunfar; no eres la gran cosa. El universo no está conspirando ni a favor ni en contra tuya, y lo único que te detiene es cuando te haces a la idea de que estás detenido. Entonces, amigo mío, ahí sí estás verdaderamente detenido. Hasta entonces, esto es una declaración de guerra.

«Una mente educada es capaz de entretener un pensamiento sin aceptarlo».

—ARISTÓTELES

Piensa en todas las cosas que ha logrado la humanidad y que alguna vez fueron consideradas *imposibles*. Si le hubieras dicho a alguien de 1850 que se puede volar de California a China en un tubo metálico hueco lleno de cientos de personas, lo más seguro es que te hubieran mandado al manicomio del pueblo por el resto de tus días.

Pero los hermanos Wright no se sometieron a la idea de que volar fuera imposible. Simplemente no aceptaron ese pensamiento, aunque no hubiera evidencia histórica para comprobar que un humano pudiera volar. A pesar de que no tenían pruebas físicas y de que no lo habían hecho anteriormente, estaban decididos a hacer que sucediera y fueron implacables en su objetivo.

Ahora compara eso con tus problemas. Si eres como la mayoría de las personas, tus objetivos quizá no sean ni la mitad de ambiciosos como inventar el primer avión. Quizá tú quieres ganar más dinero, enfrentar tus miedos, perder peso o dar un paso adelante para tener una mejor vida, cosas que se han hecho millones de veces antes y se seguirán haciendo una y otra vez en el futuro, por gente tan capaz como tú.

Estos objetivos SON posibles. Sin embargo, no caigas en las estupideces de la autoayuda que te dicen: «¡Te lo mereces!». Porque no es cierto. Nadie se lo merece. Esas ideas te dejarán queriendo y queriendo algo hasta que, finalmente, te conviertas en víctima de tu propia vida. A veces sólo tienes que darle, decir lo que vas a hacer y echarle ganas. Necesitarás, literalmente, *hacer* que sucedan.

Entonces, cuando alguien te mire y comente: «Nunca conseguirás ganar un millón de dólares», o que tu cerebro te diga: «Es imposible que bajes cincuenta kilos», tienes dos opciones: sucumbir a la noción de que no sabes lo que estás haciendo, de que no tienes recursos, de que no te alcanza con lo que tienes o de que

A VECES SÓLO TIENES QUE DARLE, DECIR LO QUE VAS A HACER Y ECHARLE GANAS.

tu vida necesita arreglarse antes de que puedas hacer eso que quieres. Y, después de eso, puedes rendirte.

O puedes no estar de acuerdo; puedes rehusarte absolutamente a aceptarlo y alcanzar tu grandeza. Puedes decir: «No, estás equivocado y voy a demostrártelo».

Lo imposible se vuelve posible en el momento que decides creerlo.

> *«Lograríamos más cosas si no pensáramos en ellas como algo imposible».*
>
> —*VINCE LOMBARDI*

Lo más loco de todo es que nunca puedes comprobar qué es posible o imposible.

Puedes intentar algo mil veces, fallar miserablemente cada una de esas veces y, en el intento 1 001, lograrlo.

La verdad es que uno nunca sabe. Nunca tenemos todos los hechos a la mano. Como humanos, sólo entendemos una pequeña fracción de nuestras mentes y mucho menos del mundo o de los océanos o de la tecnología. Si alguien te dice que tiene todas las respuestas, no creas esa estupidez. La verdad es que están improvisando como tú, como todos los demás. ¿Respuestas? ¡Deja de joderme!

Entonces, si ni siquiera podemos estar seguros de que sea imposible mandar un hombre a Marte, ¿cómo podría alguno de nosotros saber si realmente somos capaces de enfrentar el día a día de nuestras vidas? No se puede. La única pregunta es si estás de acuerdo con lo que puedes o no puedes hacer. Una opinión sólo se vuelve real cuando la aceptas y dejas de actuar de acuerdo con tu potencial.

Mi vida es un ejemplo de lo que es posible cuando vives más allá de tus creencias y de las opiniones de otros. Fui un estudiante promedio de preparatoria, pero he tenido la oportunidad de viajar por todo el mundo y de asesorar a miles y miles de personas. He guiado a doctores, abogados, políticos, actores, celebridades, atletas, CEO... ¡incluso a curas católicos en Irlanda y a monjes budistas en Tailandia!

Hay una maravillosa y mágica vida esperándote en lo desconocido y, aunque no todo es miel sobre hojuelas, hay una realidad que puedes conquistar y está más allá de la que estás desperdiciando ahora.

ABRE UN CAMINO IMPLACABLE

Para ver esta idea de lo implacable en acción, echémosle un vistazo a una gran historia de éxito que muchos conocemos: Arnold Schwarzenegger.

Arnold nació en una familia relativamente pobre en un pequeño pueblo de Austria, sólo un par de años después del final de la Segunda Guerra Mundial. Un joven Arnold soñó con ir a Estados Unidos y convertirse en actor de películas. ¿Qué crees que pensaron sus padres acerca de ese sueño? ¿Qué crees que le decían sus amigos acerca de tales ambiciones o todo lo que no dijeron a sus espaldas?

Recuerda: no estamos hablando del presente, donde tenemos televisión, internet, *smartphones* y cualquier persona con una conexión a internet se convierte en celebridad. En ese entonces, la mayoría de los hogares ni siquiera tenía televisión.

Estados Unidos era un concepto vago y fantástico para Arnold y para la gente con la que creció, un lugar que sólo veían en fotografías o películas, así que puedes estar casi seguro de que la mayoría de la gente que conocía pensó que no había manera alguna de que cumpliera su sueño y, si hubiera aceptado esto, no habría logrado sus objetivos. Si hubiera estado de acuerdo con que no se convertiría en un fisicoculturista mundialmente famoso, no lo habría sido; si hubiera aceptado la idea de que nunca lograría actuar en películas, convertirse en una estrella de cine o llegar a gobernador, se habría rendido antes. Pero nunca estuvo de acuerdo con lo que el mundo u otras personas le decían que era o no posible.

Él fue implacable. Rendirse o cambiar de plan simplemente no era una opción. Y si observas el camino que siguió, puedes aprender algo valioso acerca de ser implacable: a veces es lo único que tienes a la mano.

Antes de Arnold, ningún fisicoculturista austriaco había logrado ser estrella del cine de acción en Estados Unidos y mucho menos pensar en llegar a ser gobernador de California. Puedes estar seguro de que pasó una gran parte de su vida y de su carrera sin saber exactamente hacia dónde se dirigía. No hay señalamientos de tránsito cuando exploras territorio desconocido; todo es descubrimiento y exploración. Te estás abriendo un camino, no siguiendo uno.

Cuando te encuentres en esta situación, lo único que puedes hacer es enfocarte y lidiar con lo que tienes frente a ti. Sólo pon un pie tras otro y toma las cosas conforme se vayan presentando.

Incluso Arnold, que tuvo una gran visión, logró alcanzarla dando un paso a la vez. Fue al gimnasio y comenzó a ejercitar sus bíceps. Puso atención en cada movimiento, en cada subida y bajada de las pesas, repetición tras repetición tras repetición; poco a poco sintió cómo sus músculos se flexionaban, pero también se desgarraban y otras veces crecían.

Después, cuando terminó con los bíceps, se enfocó en los hombros. Y después en la espalda. Y en los glúteos. Después en los muslos y más tarde en las pantorrillas. Dedicaba toda su atención mientras trabajaba en cada uno de los grupos de músculos. Y después en el siguiente, momento a momento. Una vez que había ejercitado todos y cada uno de sus músculos hasta el cansancio, regresaba a casa. Pero al siguiente día volvía al gimnasio y repetía su rutina otra vez, implacablemente.

Pero veamos ejemplos más recientes, como Malala Yousafzai, que lucha sin descanso por los derechos de las mujeres y los niños en Afganistán; o Michael Phelps y todos los récords que ha impuesto; o Jessica Cox, que nació sin brazos y así logra pilotar aviones comerciales.

¿Estás entendiendo lo que intento decirte?

La clave para volverte implacable es enfocarte en el problema que está frente a ti. Darle toda tu atención. Volverte alguien que progresa incluso cuando todo parece perdido. La respuesta siempre está allá afuera, lo único que necesitas es encontrarla. Después podrás continuar hacia el siguiente obstáculo y darle toda tu atención hasta que acabes con él. Y después el siguiente y el siguiente y el siguiente.

Al hacer esto, nunca tendrás que preguntarte hacia dónde estás yendo. No tendrás que preocuparte por cuántos kilómetros quedan por caminar. Te convertirás en alguien que ama los obstáculos en lugar de evitarlos, porque son la clave para el éxito y el crecimiento. Sólo da un paso a la vez y, si te enfrentas a algo que esté bloqueando tu camino, encuentra una manera de vencerlo o rodearlo. Después sigue caminando.

Ser implacable no significa lanzarse a lo desconocido con los brazos abiertos. Es estar concentrado, determinar tus acciones. Una y otra y otra vez.

No es golpear una pared hasta que tu puño esté lleno de moretones y sangre. Es utilizar un cincel y, lenta y metódicamente, romper el muro pieza por pieza hasta que, finalmente, hagas un hueco. Y después el hueco se volverá más grande. Y más grande. Y, antes de que te des cuenta, estarás como Alicia, dando un paso a través del espejo hacia un nuevo mundo.

ERES IMPLACABLE

Cuando no estás seguro de seguir el camino correcto, cuando te has caído muchas veces, es completamente normal sentirte desanimado, ¡carajo!, hasta derrotado. Lo que no está bien es detenerte.

Siempre puedes contar con tu versión implacable. Cuando no tengas nada más, piensa que ahí está esa otra versión de ti.

En lugar de preocuparte por si debes seguir adelante o regresar, vuélvete implacable. Eso sólo te llevará por un camino: hacia delante; sólo te deja una opción: hacer que todo siga moviéndose.

Nada de rendirse. Nada de renunciar. Esta vez no habrá un cambio de planes.

Implacable es el fisicoculturista que va al gimnasio durante horas cada día. Implacable es el emprendedor que ha sido ridiculizado o rechazado por su idea original, pero sigue presentándola. Implacable es la mamá con sobrepeso que siente que nunca va a llegar a donde quiere. Implacable es la recién graduada que se encuentra en lo más bajo del organigrama laboral y apenas y le alcanza para pagar la renta, pero, a pesar de eso se queda en la oficina más tarde que todos para aprender tanto como le sea posible. Implacable eres tú.

Cualquiera que ha ido al gimnasio sabe que los resultados no son inmediatos. No pasas 30 minutos en la caminadora y de pronto te ves como una persona nueva. Pero eso no quiere decir que lo que estás haciendo no funcione; estás progresando. Con cada ejercicio, con cada paso, con cada movimiento y cada acción, te vuelves mejor y te acercas más a tu objetivo. Un día te mirarás al espejo y dirás: «¡Guau!».

Sucede lo mismo con tu negocio, con tu salud, con tu carrera o con tus relaciones. Aun cuando no veas que algo está sucediendo, sí lo está; aun cuando no estés llegando a la meta, estás progresando.

Hasta que un día veas tu cuenta bancaria o tu nuevo trabajo o a tus hijos o tu nueva casa, y pienses: «¡Guau!».

Es por eso que debes seguir. Implacablemente.

Cuando estés explorando la selva no sabrás si estás a tres días de la civilización o a 30 minutos. Lo único que debes hacer es caminar. La única salida es seguir adelante.

Siéntate, estírate y repite después de mí: «Soy implacable».

08

«NO ESPERO NADA Y ACEPTO TODO»

"

DEJA DE HACER
TODA ESA MIERDA
QUE YA SABES QUE
NO DEBERÍAS ESTAR
HACIENDO Y EMPIEZA
A HACER LA MIERDA
QUE SABES QUE
DEBERÍAS ESTAR
HACIENDO.

CAPÍTULO 8

Antes que nada, no dejes que te engañe el título de este capítulo. Hay algo verdaderamente asombroso que descubrirás en las próximas páginas.

Imagina lo siguiente: siempre soñaste con tener tu propio negocio, ser tu propio jefe, controlar tus horarios y construir algo de lo que realmente estuvieras orgulloso, algo que puedas voltear a ver y saber que fue un gran logro en tu vida. Con una combinación de trabajo arduo, determinación y planificación, por fin lograste que tu vida llegara a un momento en que tu sueño pueda volverse realidad. Ya pensaste en una idea de negocio, contrataste a una compañía para que te hiciera un logo y la identidad de marca, y ahora sólo queda poner manos a la obra. Aquí es cuando la diversión comienza.

Necesitarás un local, obviamente, y esa es tu primera tarea: manejar por la ciudad y encontrar un lugar que te convenga;

para esto tendrás que platicar con agentes inmobiliarios. Aunque no parecía fácil, por fin encontraste un local que crees que tiene la ubicación que necesitas, a un precio accesible. Había otro lugar que te interesaba, pero no entraba en tu presupuesto.

Hay otras cosas de las que debes ocuparte, como comprar un seguro y tramitar una licencia del gobierno. Aunque no has ganado un solo centavo, debes contratar a un contador que se ocupe de presentar tus impuestos. Ya qué... Bueno, sigamos. Tu tienda necesitará sillas, mesas o cualquier tipo de mobiliario, así que tendrás que buscar eso. Algo más que puedes palomear en la lista. Obviamente necesitarás que alguien trabaje ahí, además de ti, claro está. Es hora de contratar a un empleado. Listo.

Todo va muy bien hasta que... ¡BOOM! El acuerdo que hiciste para asegurar que tu tienda fuera la única que vendiera eso especial se vino abajo y ahora debes buscar alternativas. ¡Carajo! Sientes cómo se te rompe el corazón y empiezas a hiperventilar mientras piensas en tiendas de mayoreo, importadores y manufactureras, en cualquiera que pueda ayudarte y dar un buen precio. El problema es que los precios que te dan son muy altos y totalmente alejados de tu proyección económica. ¿Cómo lograrás que funcione? Sigues buscando incansablemente, pero no consigues ninguna respuesta que te sirva. ¡De pronto todo se está convirtiendo en un desastre!

Ya invertiste mucho dinero y tiempo en esto y ahora te has topado con una gigantesca piedra en el camino. Ahora piensas que debiste haberlo previsto. Así son los negocios, es prácticamente un hecho que algo saldrá mal. Tu cerebro se llena de oleadas de dudas y preguntas; entras en un ciclo de lavado intenso con realidad en vez de jabón.

«Carajo, todo iba demasiado bien, ¡*sabía* que algo así pasaría!». Ese sentimiento se expande y crece con el paso del tiempo, arrastrándote hasta el fondo. Poner un negocio significa arriesgar todo por lo que has trabajado. ¿Vale la pena hacerlo? ¡Si ahorita tienes dinero, por qué arriesgarlo!

Ahora que **verdaderamente** lo piensas, has pasado más tiempo trabajando en este proyecto que en tu anterior empleo. MUCHO más. Has pasado días y noches enteras trabajando sin tregua. Ahora tienes menos control sobre tu tiempo. Todos tus pensamientos, segundos y dólares fueron dedicados a esto y ahora te preguntas si realmente es buena idea trabajar solo.

Pero eso es lo que querías, ¿no? Tal vez todo fue un error. Entonces, empiezas a sentir depresión y un dolor en el estómago; es momento de que aceptes la posibilidad de que podrías perder toda tu inversión y tener que regresar arrastrándote a la oficina de tu exjefe para pedirle que te vuelva a dar trabajo.

¡CARAAAAAAAAJO!

¡Tranquilo, compadre! Antes de pensar en el futuro, da un paso atrás.

ESPERA LO INESPERADO

¿Qué está pasando? Es simple: tú, al igual que el resto del mundo, sientes presión por cumplir una expectativa. Y no me refiero a las expectativas normales que tienes en el día a día; esas ya las conoces. No es como si literalmente nos estuviéramos diciendo «espero esto o aquello» de manera consciente; es algo que pasa debajo de la superficie, y sólo lo encontrarás si te tomas el tiempo para buscarlo.

Estoy hablando de esas expectativas feas, incontrolables, escondidas y traicioneras que están guardadas bajo el escenario de tu vida, del tipo de expectativas que ni siquiera sabías que tenías hasta que salieron de la nada y te golpearon en el estómago tan fuerte que te sacaron el aire.

Cuando te embarcas en un proyecto que podría cambiar tu vida, te preparas para él con lo que sabes, con lo que has experimentado, con lo que has leído, escuchado y hasta con lo que te has imaginado. Empezamos a crear una imagen en nuestra mente. Investigamos, pedimos opiniones y absorbemos tanta información como nos sea posible. Nos hacemos una idea de cómo se verá y cómo llegaremos ahí. Esa imagen en nuestra mente se convierte en el plano con el que trabajamos y construimos.

Lo que *no* vemos es que también estamos dando por hecho un mundo lleno de expectativas escondidas, las mismas expectativas que pueden convertirse en grietas y fisuras que se esconden en los cimientos de tu plan más trabajado y que tienen el potencial de destruirlo antes de que siquiera empiece. En el ejemplo del negocio, tal vez *no esperabas* que ese acuerdo se viniera abajo y, si bien por sí sola esa acción fue un golpe duro de soportar, el mayor daño llega al haber interrumpido tus expectativas.

¿Cómo puedes saber si tienes expectativas escondidas en tu vida? Si hay un área de tu vida en la que experimentes decepción, resentimiento, arrepentimiento, enojo, apatía, o cualquier otra área en la que hayas perdido tu temple o tengas que suprimir una emoción, existen expectativas ocultas. Si pones atención a las áreas de tu vida en las que no te sientes como *tú mismo*, verás que la realidad de esa área está muy lejos del escenario que habías imaginado o planificado. Si no estás contento con tu matrimonio, seguramente podrás ver una brecha enorme entre lo que *creíste* que sería y lo que realmente es. Para otros podría ser su situación económica, estado de salud, trabajo o cualquier cosa que te puedas imaginar.

Tu falta de poder está directamente relacionada con la brecha entre tus expectativas ocultas y tu realidad, y mientras más grande sea esa brecha, peor te sentirás.

Leí en algún lado que la raíz de todos los descontentos maritales son las expectativas **no alcanzadas.**

Creo que hay algo más, algo más profundo. Yo creo que el problema es la expectativa en sí. Todos los malestares que sufres a lo largo de la vida son resultado de miles de expectativas silenciosas y desconocidas que, sin darte cuenta, limitan la experiencia de tu vida, causan estrés cuando parece que estás por cumplirlas y decepción cuando lo logras.

Además, también se interponen entre tu vida y tú, se paran justo frente a los temas o problemas que realmente necesitan de tu atención. Son como un espejismo que nos aleja de nuestro poder verdadero y nubla nuestra habilidad de tomar decisiones notables y asertivas. Es decir, terminas trabajando para cumplir tus expectativas y tratando de que tu vida se alinee con **ellas**, en vez de tomar las acciones necesarias que influyan positivamente tu vida. Esa *desviación* absorbe toda tu energía y evita que la uses en algo que verdaderamente mejorará tu vida o te ayudará a cumplir tus objetivos. Finalmente, lo único que logras es seguir por un largo camino, sin resultados y perdiendo el tiempo.

ELIMINA AL INTERMEDIARIO
DE LA EXPECTACIÓN

Ahora que hemos derribado las puertas de la expectativa, seguramente te habrás dado cuenta de esto: las dificultades y complicaciones que enfrentas en tu vida son un resultado directo de las expectativas que tienes o tenías.

Hemos estado usando el ejemplo de un negocio fallido, pero tus relaciones fallidas, tus frustraciones en el trabajo y las dietas que has roto también se remontan a las expectativas. ¿Cuántas veces has dicho «esto no está saliendo como esperaba»?

¿Puedes recordar la última vez que te enojaste con alguien? Tómate un momento para examinar la situación y no tardarás en darte cuenta de que tu enojo fue producto de una expectativa, de la brecha entre lo que es y lo que esperabas que fuera. Tienes una expectativa no dicha sobre la gente que dejas entrar a tu vida, esperas que sean dispuestos, honestos y cumplan con los acuerdos que establecieron contigo. Expectativas, expectativas y más expectativas. ¿Y qué pasa cuando no cumplen con esas expectativas? ¡Agárrense!

«Sí, sí, eso ya lo entendí, señor Bishop, ¿pero cómo diablos descubro **mis** expectativas ocultas?».

Fácil. Elige un área de tu vida donde las cosas no estén saliendo como quisieras, tal vez hasta un área de tu vida que apeste. Toma una pluma y un pedazo de papel y escribe cómo se «supone» que debería ser esa área. ¿Cómo lo habías planeado? ¿Cómo debió haber sucedido? Tal vez tengas que usar tu imaginación o hacer memoria para acordarte cómo se veía el futuro cuando se te ocurrió ese plan. Piensa en la esperanza y el optimismo que tenías en mente y descríbelos tanto como te sea posible. Después, en otro pedazo de papel, escribe cómo **resultó** ese plan. Reitero: sé tan descriptivo como puedas, no sólo escribas «apesta». Entra en detalles de por qué es cómo es y con qué tienes que lidiar ahora. ¿Cómo te sientes en este momento sabiendo que esa área de tu vida no cumplió con tus expectativas?

Ahora pon ambos papeles, lado a lado, y échales un vistazo. Tu dolor, angustia o decepción (o lo que sea más importante en tu caso) es mayor donde la brecha es más ancha entre lo que esperabas y lo que tienes. Ahí están tus expectativas escondidas. Trabaja con esto hasta que descubras por completo las expectativas que, sin saberlo, te has impuesto.

Bien, ahora observa de nuevo. ¿De qué manera tus emociones con respecto a esto hacen una diferencia en tu realidad? ¿Es mejor ahora? ¿Resuelve tus problemas? ¡Claro que no, no hace ninguna diferencia positiva! ¡Incluso hace que las cosas sean PEORES!

¡Tus problemas no te desvían del camino, tus expectativas ocultas sí!

El punto aquí es que la *expectativa* de cómo debería ser tu vida no te ayuda en lo más mínimo. De hecho, te afecta más el trancazo de las expectativas que la situación por sí misma y ese es el problema de las expectativas: sacan las cosas de proporción y debilitan tu poder para enfrentar esos asuntos de manera eficiente y positiva. No estoy diciendo nada drástico; la idea de dejar ir las expectativas ha estado presente durante miles de años, pero en nuestra cultura, en el mundo occidental, pocos deciden aceptar esta práctica.

Ahora te entrenaré un poco: ¡OLVÍDALO! ¡Deja ir esas expectativas AHORA!

Es mucho más poderoso aceptar lo impredecible que puede ser la vida que pelear con tus circunstancias por lo que realmente son y, de pronto, ser jalados hacia abajo por no querer dejar ir expectativas innecesarias e improductivas.

El mundo gira alrededor del cambio: nacimiento y muerte; crecimiento y destrucción; subida y bajada; verano e invierno. Un día nunca es igual a otro sin importar lo mucho que se parezcan.

«Ningún hombre puede cruzar el mismo río dos veces...».

—HERÁCLITO

Nuestras mentes amarían predecir y planificar todo lo que va a pasar, pero eso es imposible y esas expectativas no sólo tienen un efecto negativo en nuestras emociones, sino que nos dejan con menos poder del que tenemos a nuestro alcance.

Es mucho más eficaz aceptar las cosas como se presentan, vivir en el presente (como si realmente pudieras vivir en otro momento, ja) y resolver los problemas y temas conforme surjan, en vez de tener expectativas constantes.

No es que esté en contra de planear (por supuesto que no), pero atarte a un plan calculándolo todo fríamente (y todas las expectativas que eso conlleva) es como si cayeras al mar y siguieras remando, aunque no tuvieras remo o barca. Tu plan (e imagen) de cómo debieron haber salido las cosas ya no es importante, pero aun así tratas de tapar el espacio entre tus expectativas y la realidad.

La vida a veces puede ser así. En algunos momentos tendrás que darte cuenta de que el juego cambió (a veces drásticamente) y deberás tener un nuevo enfoque. Lidia con tu realidad. Despierta, estás en medio del mar. ¡Deja de tratar de remar y nada hacia la costa, carajo!

LA VIDA ES MÁS UN BAILE QUE UN DESFILE

Nuestra mente tiene muchos pensamientos automáticos que ni siquiera sabemos que están actuando. Las expectativas son sólo uno de ellos, pero uno muy importante.

Aquí está la incómoda verdad de cómo funciona nuestro cerebro. A todos nos encanta creer que existe algo llamado *libre albedrío*, uno de esos conceptos que parece combinar con nuestra humanidad. Siendo honestos, si no tenemos libre albedrío, ¿entonces qué diablos nos queda?

Le damos valor a la idea de que elegimos libremente lo que hacemos y cuándo lo hacemos. Queremos sentir que controlamos nuestro destino y la forma que tomará. Pero ¿podemos decir que tenemos libre albedrío cuando nuestras mentes están siendo controladas por esos pensamientos automáticos? Muchos dirían que no. Pon atención, esta es la cantidad de libre albedrío que tienes: deja de hacer todo lo que sabes que no deberías estar haciendo y empieza a hacer todo lo que deberías estar haciendo. Todo.

No es nada fácil eso del libre albedrío, ¿verdad?

«Nadie es libre si no es dueño de sí mismo».

—*EPICTETO*

Como hemos comentado a lo largo de este libro, aun cuando crees estar tomando una decisión consciente, la verdad es que hay una serie de pensamientos inconscientes que te ayudan a tomar esa decisión. Cosas que no puedes ver ni reconocer.

Las personas son mucho más irracionales e ilógicas de lo que creemos. En muchos casos nuestro subconsciente es el titiritero que jala los hilos de nuestra vida. Afortunadamente, puedes retomar tu libertad de elección y eso lo logras al entender cómo funciona tu mente, viendo lo que hace mientras lo hace y siendo capaz de usar esa información para cognitivamente elegir algo más. Para volver consciente lo que hasta el momento es inconsciente.

Las expectativas son una de esas cosas.

CUANDO LA VIDA ES APROPIADA

«No espero nada y acepto todo». Esta es tu última afirmación.

Déjame ser muy claro acerca de esto: no quiero decir que te vuelvas débil, endeble o sumiso ante la vida. No, esta afirmación es de una persona exitosa, de alguien que no puede ser dominado por nada ni nadie.

Cuando no esperas nada, vives en el presente. Dejas de preocuparte por el futuro y de rechazar el pasado. Aceptar todo no significa que estés de acuerdo con ello, sino que simplemente te vuelves responsable sobre esto y entras en acción. Recuerda que siempre puedes cambiar algo cuando te responsabilizas; es la forma más eficiente de resolver tus *cosas*. ¡Sé responsable!

«No pretendas que las cosas ocurran como tú quieres. Desea, más bien, que se produzcan tal como se producen y serás feliz».

—*EPICTETO*

La próxima vez que te encuentres deprimido debido a tus expectativas, redirecciona las cosas. En vez de hacer un berrinche porque las cosas no salieron como querías o esperabas, simplemente acéptalas por lo que son. En ese momento serás libre para ocuparte de ellas.

«Esto es apropiado». Cuando tengas problemas de adaptación en tu nuevo trabajo, da un paso atrás y date cuenta de lo apropiado que es eso. Es obvio que un nuevo trabajo tiene un periodo de adaptación, ya sea por las tareas que debes realizar o por la gente con la que trabajas. Por lo tanto, es absolutamente razonable que cometas algunos errores o te andes con cuidado mientras conoces a tus compañeros. Las expectativas se disuelven en ese momento, de inmediato.

Si tienes problemas en tu relación, cambia tu perspectiva y trata de ver todo el panorama. ¿Cuáles son tus expectativas?

La mayoría de nosotros espera que nuestra pareja sea de cierto modo todo el tiempo o que anticipe nuestras necesidades y sepa con precisión lo que sentimos, como por arte de magia. Pero tu pareja, como tú, es un ser humano imperfecto con sus propias complicaciones emocionales y mentales, así que es razonable que de vez en cuando se distraigan o se enojen contigo después de un mal día.

Casi siempre esperamos que los demás nos traten exactamente como nosotros los tratamos. Si les hacemos un favor, esperamos obtener uno. Se vuelve una deuda no escrita. Cuando damos un masaje en los pies a nuestra pareja, esperamos que haga lo mismo o al menos algo equivalente. Esas expectativas aumentan tanto en peso como en complejidad dentro de una relación íntima o romántica. No creerás cuánto mejorarán tus interacciones con las demás personas en cuanto dejes de tener expectativas, en el momento que aceptes las cosas como son.

Lo repetiré: esto no quiere decir que debas soportar una mala relación o incluso una abusiva. Pero lo único más impredecible que una persona son dos personas impredecibles. Si estás en una relación así, es momento de que pienses en la analogía de la barca. Deja de remar, el juego ha cambiado y tu plan tiene que cambiar de acuerdo con esto. Tu pareja, amigos y familiares tienen sus propios deseos, percepciones y sentimientos. Mientras tú piensas en una cosa, es muy probable que ellos estén pensando en algo totalmente diferente. Esa cosa que te tiene tan molesto pasó desapercibida para ellos. Podrían no tener ni idea de lo que está pasando contigo.

En lugar de esperar en silencio algo y sentirte decepcionado por no cumplirse, déjalo ir. Si hay algo que quieres, ¿por qué no lo pides sin expectativas? Y cuando hagas algo generoso, hazlo porque quieres hacerlo genuinamente y no porque estás poniendo un valor a lo que esperas a cambio.

Ojo por ojo y el mundo acabará ciego.

Si se trata de algo serio que ponga en peligro constante tu relación, confronta a la otra persona al respecto. No esperes que entiendan cómo te sientes y tampoco esperes que puedan cambiar tus sentimientos. No pueden. Sólo tú puedes hacerlo.

La gente siempre va a mentir, robar, hacer trampa y cualquier otra cosa que se les ocurra. No es realista vivir con la expectativa de que de alguna manera no lo harán y después hacer un drama porque sí lo hicieron. ¡Recuerda que en esos casos puedes terminar peor que ellos! ¡Mucho peor!

Terminarás atragantándote con sentimientos de rencor, arrepentimiento, enojo y frustración. Recuerda: ¡no son ellos quienes te hacen eso, eres tú quien se lo hace a sí mismo! Puedes aceptar las cosas como son. Eso no significa que los perdones o que no quisieras cambiarlos; se trata de que te vuelvas consciente de tus pensamientos y de tus emociones. Se trata de silenciar tu mente y de permitirte actuar con decisión en situaciones específicas de tu vida, en vez de sucumbir ante las molestias internas y externas.

NO ESPERES NADA, ACEPTA TODO

Con esto no quiero decir que no planees o que andes por la vida sin rumbo, dirección u objetivos. Pero cuando hagas un plan, recuerda: ¿qué ganas con llenarlo de expectativas? Nada.

Cuando te liberas de las expectativas inicias un *baile* con la vida en el que puedes seguirle los pasos y después adaptarte según lo que suceda.

Si tienes éxito, puedes celebrar; si falla puedes recalibrar.

No **esperes** la victoria o la derrota. Planea la victoria, pero aprende de las derrotas. También es inútil esperar el amor o el respeto de la gente. Sé libre para amarlos como tú quieres y recibir el amor que ellos te quieran dar. Libérate del drama de las expectativas y deja que las piezas caigan donde tengan que caer. Ama la vida que tienes, no la que esperas tener.

«No espero nada y acepto todo». Esa sencilla afirmación personal te saca de tu cabeza y te mete de lleno en tu vida, en la realidad. Problemas, obstáculos, discusiones y decepciones son parte de la vida de todos los seres humanos.

Tu trabajo es no ensuciarte con toda esa mierda y mantenerte alejado del pantano de la mediocridad y del drama; sólo así alcanzarás tu máximo potencial y te atreverás a vivir cada día de tu vida.

Tu vida, tu éxito y tu felicidad están en tus manos. El poder para cambiar, para dejar ir y para encontrar tu potencial absoluto está a tu alcance. Recuerda: nadie puede salvarte, nadie puede cambiarte; todo eso es tu responsabilidad, ¿y qué mejor momento para aceptar el cambio que hoy?

MANTENTE ALEJADO
DEL PANTANO DE
LA MEDIOCRIDAD Y
DEL DRAMA; SÓLO
ASÍ ALCANZARÁS TU
MÁXIMO POTENCIAL
Y TE ATREVERÁS A
VIVIR CADA DÍA
DE TU VIDA.

09

Y AHORA, ¿A DÓNDE?

ES MUY SIMPLE,
PARA MEJORAR
TU MUNDO INTERIOR
TIENES QUE EMPEZAR
A CAMBIAR TU
MUNDO EXTERIOR.
SAL DE TU CABEZA Y
ENTRA DE LLENO A
TU VIDA.

CAPÍTULO 9

Ya te di siete afirmaciones personales.

«Estoy dispuesto».
«Estoy programado para ganar».
«Puedo con esto».
«Acepto la incertidumbre».
«No soy lo que pienso, soy lo que hago».
«Soy implacable».
«No espero nada y acepto todo».

Cada una de ellas tiene un por qué; tal vez no lo veas de inmediato, pero ahí está.

Si quieres que tu vida sea diferente, tienes que hacer que suceda. Todo lo que pienses, medites, planees o incluso todos los ansiolíticos del mundo no te ayudarán a mejorar tu vida si no estás dispuesto a entrar en acción y hacer cambios. No puedes quedarte sentado esperando a que te llegue la inspiración o a que la vida salga como esperas. Tampoco puedes depender completamente de pensamientos optimistas para que hagan el trabajo que te corresponde. Tienes que salir de tu casa y *hacerlo*.

Una de las cosas más irónicas sobre desarrollar nuestra mente y nuestro modo de pensar, es que puede detenernos para no actuar en aquello que debemos actuar. Puedes convertirte en un sabio del desarrollo personal, puedes saber muchas cosas interesantes y geniales, pero, si no pones manos a la obra, de nada servirán.

Pensamos: «Tan pronto me deshaga de mis preocupaciones o incomodidades, empezaré a buscar una pareja» o «cuando encuentre el origen de toda mi flojera o algo que me motive, seré completamente feliz y empezaré a trabajar». Ese deseo de solucionar nuestra *procrastinación* sólo nos conduce a un ciclo sinfín de procrastinar/no procrastinar y eso sólo nos mantiene aún más alejados de la meta que tenemos planeada en nuestra vida.

Estamos esperando un momento o experiencia que modifique nuestra forma de pensar, que limpie nuestra mente, mejore nuestras emociones y haga desaparecer nuestra ansiedad y preocupación.

Cuando nos *sentimos* «apagados», apagamos nuestras vidas. Nos quedamos inmóviles debido a un sentimiento. Pero la vida no funciona así; no existe un sentimiento perfecto y, mientras esperas a que llegue y milagrosamente mejore tu vida, ¿adivina qué? ¡Tu vida no mejora! Ninguna de estas afirmaciones va a hacer que tu vida sea más fácil; es más, ¡en ciertos momentos parecerá que la vuelven más difícil! Tampoco es suficiente con que las internalices, tienes que **actuar**.

Es muy simple, para mejorar tu mundo interior debes empezar a cambiar tu mundo exterior. Sal de tu cabeza y entra de lleno a tu vida.

VAS A MORIR

«Si acepto la muerte en mi vida, la reconozco y la enfrento directamente, me liberaré de la ansiedad de la muerte y la mezquindad de la vida, y sólo entonces seré libre de convertirme en mí mismo».

—*MARTIN HEIDEGGER*

Algún día morirás. Dejarás de respirar, permanecerás inmóvil y dejarás de existir. Abandonarás este plano físico. Ya sea mañana o en veinte años, pasará.

Todos somos mortales. No hay escapatoria. Puede ser que encuentres incómodas estas palabras o quieras resistirte a la noción de tu fin, pero, si lo que buscas es la verdad, esta es la única con la que no puedes discutir: vas a morir.

Imagina que estás en tu lecho de muerte, escuchas el monitor que mide tus latidos cerca de ti. Estás en estado crítico y sólo te quedan unas horas de vida. Sientes cómo tu corazón y tu energía empiezan a apagarse.

Mientras estás recostado ahí, recuerdas tu vida: nunca hiciste los cambios que querías; te quedaste en el mismo trabajo, en la misma relación y en el mismo cuerpo obeso hasta hoy, el día de tu muerte.

Leíste muchos libros, pero nunca llevaste a cabo el conocimiento que adquiriste. Iniciaste dietas, pero siempre las rompiste. Dijiste lo que ibas a hacer, te motivaste miles de veces, pero nunca lo hiciste. Empezaste docenas, si no es que miles de aventuras para cambiar tu vida, pero todas se marchitaron.

Mientras estás en el hospital, tus seres queridos entran y salen a lo largo del día, ¿qué sientes? ¿Arrepentimiento? ¿Remordimiento? ¿Lástima? ¿Qué darías si pudieras regresar a este momento, en el que estás leyendo este libro, y pudieras hacer las cosas diferentes? Si tan sólo fuera posible...

¡Maldita sea, DESPIERTA! El remordimiento oxidará tu cuerpo, tu mente y tu corazón. Te aplastará. Será insoportable. No sabes si tenerle miedo a la muerte o abrirle la puerta con tal de acabar con la miseria que sientes.

Toma esto en cuenta: el futuro tú no se arrepentirá de los fracasos o de la ausencia de cualquier cosa en tu vida; de lo único que se arrepentirá es de no haberlo intentado, de no haberse esforzado más, de no haber seguido adelante cuando las cosas se pusieron difíciles.

No todos los alpinistas llegan a la cima; a veces regresan, se reabastecen y vuelven a intentarlo. No están satisfechos con quedarse al pie de la montaña, entre la multitud, explicando por qué no intentan escalar. No, guardan su casa de campaña y siguen adelante; al morir sabrán que dejaron cada gota de esfuerzo en este mundo. Que vivieron al límite y amaron el proceso de escalar.

No te arrepentirás de no haber ganado un millón de dólares, te arrepentirás de nunca haber empezado ese negocio que querías o de no haber renunciado al trabajo que odiabas. No te arrepentirás de no casarte con una supermodelo; te arrepentirás de estancarte en una relación sabiendo que podías encontrar algo mejor. No te arrepentirás de no tener el cuerpo de un fisicoculturista, sino de haberte detenido todas las noches en un restaurante de comida rápida de camino a casa, de vivir una mentira.

Y todo esto te pasará a ti. Morirás. Pasarás por todo eso solo, en la soledad de tu consciencia, cada vez más y más débil. A menos que tomes las acciones que necesitas para cambiar, para construir la vida que quieres y de la que puedes estar orgulloso.

DEJA DE LIMITARTE

Todo el tiempo nos limitamos, nos decimos muchas cosas sobre por qué no podemos.

No puedo, no puedo, no puedo. Pero sí puedes. Todas esas son excusas. Te prometiste todo tipo de medidas nuevas que decidiste hacer a un lado utilizando excusas como argumentos. Y todo esto te llevó a una sola realidad: ¡eres un mentiroso del carajo en crecimiento!

¡Es más fácil que dudes de ti que de los demás! La única diferencia entre tú y quienes viven la vida que quieres es que ellos lo están haciendo; ellos construyeron esa vida y la están disfrutando.

No son más inteligentes, conscientes, fuertes o nada por el estilo. No tienen nada que tú no tengas. La única diferencia es que las personas exitosas no esperan; no esperan al momento *correcto*. No esperan a que llegue la inspiración o que alguna fuerza cósmica los obligue a entrar en acción. Se levantan y lo hacen. Lo intentan y fallan, incluso antes de sentirse *dispuestos*. Están piloteando el avión al mismo tiempo que lo construyen y si se cae del cielo lo volverán a construir e intentarán de nuevo.

Tu condición interna no significa algo. Es sólo otra excusa que te darás a ti mismo para mantenerte alejado de las zonas de riesgo de la vida. Pero el problema es que ¡esas zonas de riesgo son la vida! Lo demás es sólo existencia.

DEJA DE CULPAR
A TU PASADO

Para todos aquellos que culpan a su pasado, que piensan que los limita, los invito a pensar de nuevo, los invito a confrontar esa idea de que lo que ya pasó es más importante que lo que pasará. Todos tenemos pasados, algunos son terroríficos. ¡¿Y QUÉ?! Antes de que te subas al tren de los ofendidos, dime ¿por qué te apasiona más tu pasado que tu futuro?

Los dos sabemos que nadie puede libertarte salvo tú mismo. No soy un loco más en un restaurante con una opinión. He entrenado a gente con pasados que te harían retorcerte en tu silla y ellos han logrado tener vidas felices y libres. Tú también puedes.

La gente se queda atrapada en su pasado, en su infancia. Es una de las razones por las que nos decimos «no puedo». Es una forma muy sencilla de deshacerte de la responsabilidad que tienes en ese momento por culpa de una circunstancia.

Pero nada puede detenerte: si lo que quieres es salir adelante y ser grandioso, puedes hacerlo. No importa lo que pasó ayer, hace cinco años o cuando estabas en segundo de primaria.

Del mismo modo en que mejoramos nuestro interior al enfocarnos en el exterior, puedes olvidarte del pasado creando un futuro. Construye algo grande, algo más grande que cualquier otra cosa que hayas hecho antes.

Cuando lo que construyas frente a ti sea brillante y satisfactorio, no tendrás tiempo de mirar atrás. Tus ojos y tu mente estarán enfocados en lo que está adelante. Eso te ayudará a continuar, a alcanzar un futuro lo suficientemente grande, brillante y sexy, tan lleno de potencial y posibilidad que su peso te liberará de un pasado difícil.

Tal vez no ames todo de tu pasado, pero te ayudó a ser quien eres hoy, tanto lo bueno como lo malo. Así es, hay muchas cosas buenas en ti y eso es suficiente para darte lo que quieres. Esa persona es completamente capaz de vivir la vida que quiere. Nada te detendrá si lo deseas y actúas según sea necesario.

DOS PASOS A LA LIBERTAD

Si realmente estás listo para cambiar tu vida, para aferrarte a la libertad que tanto ansías, hay dos cosas que necesitas hacer:

1. Deja de hacer lo que estás haciendo en este momento.

Sencillo, ¿verdad? Mira las cosas que están ocasionando tus problemas, los hábitos que te han puesto en la situación donde estás.

Si no estás haciendo nada porque estás pegado al sillón viendo Netflix por horas y horas, o si te has enamorado de las donas de Dunkin Donuts, deja de hacerlo. Es en serio. PARA. En este momento.

No empieces a enlistar las razones por las que no puedes. «Pero es que los programas están muy buenos y regresé cansado del trabajo» o «necesito esas donas para motivarme».

Si no puedes dejar de ver la televisión lo suficiente para organizar tu vida, es obvio que no quieres cambiar. Eso es algo básico. Siendo honestos, es lo menos que se te puede pedir.

¿Qué elegirás? ¿Netflix o un trabajo mejor pagado? ¿Donas o un cuerpo saludable? ¿Videojuegos o una relación amorosa?

Si comer en restaurantes todos los días te hace sentir mal, ¿por qué lo sigues haciendo?

Y cada vez que pienses «no puedo», detente; esa es sólo otra excusa. Deja de limitarte. Evita que tu condición interna domine la calidad de tu vida. Toma el volante con ambas manos.

Si dejas que tus emociones te sigan guiando, sólo lograrás vivir con arrepentimiento. Finalmente vivirás en carne propia esa visión, estarás en tu lecho de muerte pensando: «¿Y si pudiera regresar el tiempo?». No estoy diciendo que tus emociones y sentimientos no sean importantes, no te estoy pidiendo que te conviertas en un robot. Lo que SÍ estoy diciendo es que les des a esas experiencias un nivel de importancia menor y hagas aquellas cosas que realmente harán una diferencia en tu vida.

Una de las excusas más comunes que nos damos es «quiero cambiar mi vida, pero...». El problema es que lo decimos al mismo tiempo que vemos horas de televisión, comemos porquerías, perdemos el tiempo en Facebook o hacemos cualquier otra tontería. Sé honesto contigo mismo.

¡NO QUIERES CAMBIAR! ¡Si lo quisieras lo estarías haciendo! ¡Detecta tus propias mentiras!

Échale un vistazo a tu vida, sé honesto contigo mismo e identifica los comportamientos que te están limitando. Tienes que usar todas las horas disponibles para mejorar tu vida, no tus excusas. No eres diferente ni peor que los demás. No eres un jodido caso especial que necesita reglas distintas a los demás. Tienes que tomar una decisión en este momento. Nunca vas a cambiar tu vida hasta que no te deshagas de esas cosas. No más excusas.

2. Toma acciones que te impulsen hacia delante.

De nuevo suena bastante sencillo, ¿verdad? Cambiar tu vida no sólo se trata de NO hacer ciertas cosas, sino que también tienes que trabajar y desarrollar hábitos positivos que te guíen en la dirección correcta.

Si quieres un mejor trabajo, sal y pide uno, pregúntales a tus conocidos, habla con tus amigos, busca en el periódico, pide referencias. En serio, hazlo. No digas que lo harás después; sabes que esa es una mentira. No te motives hoy y dejes todo para mañana.

«Eres lo que haces, no lo que dices que harás».

—CARL JUNG

Haz una lista de las cosas que quieres lograr. ¿Cuáles son tus objetivos? ¿Qué tienes que hacer para llegar ahí? Planea tu próximo paso, ríndete cuentas paso a paso.

Estos dos pasos, detenerte y después empezar, están ligados por la naturaleza, porque psicológicamente es difícil dejar de hacer algo de un día para otro, en especial si es un hábito adictivo que afecta la misma química de tu cerebro, como la comida, el sexo, las drogas o los videojuegos.

Detener tus malos hábitos no ayuda, a menos que los reemplaces con algo más, con algo que realmente funcione a tu favor y sea un ejemplo de la nueva vida que quieres. Se trata de cambiar sistemáticamente lo viejo por lo nuevo, de crear una nueva vida: la que siempre soñaste.

Tienes que sacar lo malo para hacer espacio para lo bueno; de lo contrario, no tendrás suficiente evidencia para esa nueva vida. Estás construyendo un estante para esa nueva vida, golpe a golpe. El proceso debe ser completo y acertado; de lo contrario, te limitarás o te detendrás en tu camino al cambio, como si cargaras peso muerto.

Olvídate de la televisión, del mar de libros de autoayuda que lees pero no pones en práctica, de las comidas excesivas, de dormir en el sillón y de procrastinar. Reemplázalos con clases de tango, clubs de lectura, comer sólo cuando tengas hambre, andar en bicicleta y expresarte… ¡POR LO QUE MÁS QUIERAS!

¿Necesitas apoyo? Consíguete un entrenador personal, uno bueno, el mejor que puedas pagar. Si tienes problemas económicos, únete a mi programa de 365 días, un viaje de doce meses por la expansión y el empoderamiento personal! Está en mi página web y puedes participar por menos de lo que gastas en tu café diario. Como te dije antes, ¡SIN EXCUSAS!

SAL DE TU CABEZA

«Tómate un tiempo para deliberar, pero cuando llegue el momento de actuar, deja de pensar y hazlo».

—NAPOLEÓN BONAPARTE

Hay un tiempo para pensar y desarrollar tu mente, pero, al final, tendrás que dar un paso al frente y poner en práctica lo que aprendiste. Todas tus afirmaciones entran en juego en ese momento. Estás dispuesto a entrar en acción y aceptar la incertidumbre que eso conlleva.

«Soy implacable» no significa que dejes de pensar o de ver la televisión. Significa hacer las cosas sintiéndote implacable. Entra en acción, persigue tus metas, actúa, falla y finalmente tendrás éxito.

Nada de lo que te he enseñado hará una diferencia en tu vida si no actúas. Tienes que *hacer* la diferencia. Tu trabajo es hacer que suceda.

Tienes que reclamar tu grandeza. Yo no lo voy a hacer por ti y tampoco lo hará tu madre, tu pareja o tu vecino. La confianza no te salvará, el futuro no mejorará de un día para otro, tus preocupaciones no desaparecerán y tus nuevas cualidades no te volverán más asertivo o creíble. Sólo tú puedes hacer eso.

No sólo leas y pienses en esto para después seguir con las mismas porquerías de siempre día tras día. Aplícalo.

«Lo haré más tarde». No, hazlo ahora.

«No soy lo suficientemente inteligente para hacer eso». Basta. Deja de decir estupideces y pon manos a la obra.

No dejes que tu mente te controle, no dejes que te limite con sus excusas, distracciones y preocupaciones. No eres lo que piensas, eres lo que haces. Eres lo que haces. Y tus acciones son lo único que te separa de donde estás y de donde quieres estar.

Esto no sólo se trata de aprovechar el día; se trata de aprovechar cada momento, hora, semana, mes. Se trata de aprovechar tu vida y reclamarla para ti mismo como si tu vida dependiera de ello, porque la realidad es que así es.

ESTO NO SÓLO SE TRATA DE APROVECHAR EL DÍA; SE TRATA DE APROVECHAR CADA MOMENTO, HORA, SEMANA, MES.